投資中
最簡單的事

把握4項原則、
釐清3個問題，
看透市場的核心

邱國鷺
——著

目次

推薦序

高瓴資本創辦人　張磊

天下武林，林林總總。名門正宗如少林武當，誠然名揚天下，而武林之大，但凡修得暗鏢神劍者，亦可獨步江湖。所以門派無尊貴，只有適合不適合。本序開宗明義：即使最成功的投資人，也要心胸坦蕩，認識到自我侷限，不可以名門正宗自居，須認識到獲得真理是一個學無止境、永遠追求的過程。

十八般武藝樣樣精通，僅出現在武俠傳說中。對一個普通理性投資者來說，如何走一條心靈寧靜（peace of mind）、越走越寬的康莊大道，國鷺這本《投資中最簡單的事》呈現了一個最直白、最真實、最給力的闡述。

我對國鷲的景仰，除了他追求真理的真性情以外，便是其極強的自我約束力和發自內心的受託人（fiduciary）責任感。記得看過一個研究報告，發現成功與智商等關係都不大，但與兒時就展現的自我控制力有極大的關係。實驗中幾個小朋友每人分得一個糖果，並被告知如果現在不吃，等到幾個小時後大人回來，可以拿到更多的糖果。結果有的忍不住，就先吃了眼前的一個，後來再也沒有糖果吃。而能夠忍住眼前誘惑，等到最後的，則得到了幾倍的收穫。追蹤研究發現，那些兒時就展現出自我約束力的小朋友，後期成功的可能性更大。在多數人都醉心於「即時滿足」（instant gratification）的世界裡，懂得用「延遲滿足」（delayed gratification）去做交易的人，已先勝一籌了。

「我寧願丟掉客戶，也不願丟掉客戶的錢。」這種極致的受託人理念不是每個投資人都有勇氣踐行的。但是路遙知馬力，堅持下去，必會得到投資人的長期支持和信賴。正如國鷲所言，「理性只會遲到，但不會缺席。」

高瓴資本的成立初衷，就是選擇一群有意思的人做一些有意思的事。我們所堅持的「守正用奇」在書中得到了最好的印證：堅持價值投資的理念，但同時對主流觀點保持質疑和求證的精神；清醒地認識到能力圈的邊界，但同時不斷地挑戰自我，去開拓新的未知世界。所以我們提出了投資團隊的好奇、獨立、誠實。在熱點紛呈的中國一二級資本市場，如果沒有定力，不能保持智力上的獨立與誠實，很難不隨波逐流。同時，如果不始終保持和發掘好奇心，很難在這麼高強度的工作中保持青春與活力。

“The No.1 rule of the game is to stay in the game.” 投資這個遊戲的第一條規則，就是得能夠玩下去。再好的投資理念都要放到實踐中去驗證。長期投資、逆向投資最大的敵人是價值陷阱。即使再偉大的投資人，犯錯誤都是必然的。能否把犯錯誤的代價控制到一定風險範圍內，是甄選出一個成熟投資人的關鍵。「君子不立危牆之下」，雖然各種投資方法都有可能產生好的投資回報，但其中隱含的風險是大不相同的。大多數情況下，國鷺書中所闡述的價值投資和逆向投資理念都是減少風險（derisk）的好方法。

最後，還是要有個好心境、好家庭、好身體。投資到最後，反映的是你個人的真實性情和價值觀。健康的環境和心情是長期修行的結果。成功誠然需要運氣和際遇的配合，但能否幸福地去做投資則掌握在你自己手裡。

如果有機會的話，這本書希望孩子們也來讀。

張磊

於加州 Lake Tahoe，二〇一四年夏

台灣版序

尊敬的讀者：

《投資中最簡單的事》能在台灣出版，我感到十分榮幸。這本書首次出版於二〇一四年，彙集了我之前關於投資思考的文章和隨筆，主要針對中國的A股市場，力圖尋找那些能夠經受住時間檢驗的不變的規律。站在今天回顧過去九年，經濟結構和市場環境已經發生了許多的變化，但書中探討的一些內容，在今天依然有意義。

股市的變化是不可避免的，全球股市在過去的數十年間，經歷了一次又一次的巨大波動，在這個變化無常的市場之中，我們需要掌握正確的投資方法，以幫助我們在市場上從容應對。從產業發展規律和經濟週期變動來看，股市的變化分為結構性變化和週期性變化兩種。

結構性的變化，例如科技技術進步、人口結構變化、國際關係與地緣政治、監管法規框架的改變等，往往代表了產業長期的發展趨勢和演化方向，可能導致某些行業和公司的發展前景發生根本性的改變。這種結構性的變化會帶來持續多年的大趨勢。在這些大趨勢中，一些公司或行業可能會迅速成長，而一些則可能迅速衰落。通過深入的基本面研究，順勢而為、乘勢而上，則有可能把握產業變革帶來的巨大投資機會。

週期性變化則反映了周而復始、循環往復的變化，與投資相關的週期主要有四大類：政策週期、市場週期、宏觀經濟週期、企業盈利週期。我們要學會抓住大趨勢，但同時也要注意均值回歸的特性。均值回歸也是股市波動的規律之一。週期性變化帶來的上漲或者下跌的趨勢不能永遠持續，高於或低於價值中樞都會有很高的概率向價值中樞回歸。在這個過程中，投資者可以通過買入低估的股票，等待其價格回升，獲得超額收益。

變與不變是價值投資的一大哲學，變是絕對的，不變是相對的，我們需要分清楚哪些是應該堅守的、哪些是應該與時俱進的，從而達到良好的平衡。一方面，我們需要總結那些能夠跨越時空的規律並堅持不變；另一方面，也需要關注結構性變化、順應規律，並做出相應的投資策略和投資方法的調整。對於長期的結構性變化，我們就不能夠簡單地以均值回歸的思路去分析。

雖然市場變化無常，我們始終堅信，只有尋找那些真正有價值的企業，才能在長期投資中取得成功。在這個過程中，我們必須保持冷靜和堅定，並採取行之有效的投資策略。在這本書中，我們將探討如何在喧囂的市場中堅持價值投資。我們會介紹一些基本的投資策略和技巧，幫助您更好地理解市場的本質，並在此基礎上進行投資決策。我們也會提供一些實用的案例，以幫助您更好地理解如何應用這些策略和技巧。我們將分享過去多年的投資經驗和教訓，無論您是新手還是經驗豐富的投資者，都希望能為您的投資之路提供一些幫助和啟示。

最後，希望您在投資過程中能夠始終堅持價值投資的理念，並且在瞬息萬變的市場中找到投資的真諦。祝您投資順利！

邱國鷺

二〇二三年三月

再版序

時光如梭，一轉眼本書已經出版五年了。寫作這本書的初心，是想給眾多對投資感興趣的讀者朋友們提供一本入門級的投資讀物，書中使用的語言儘量通俗易懂，希望能夠用最簡單的文字講述有關投資的一些本質思考。我一直相信，任何表面複雜的事物，只要掌握了內在的規律，其內核和本質應該是清晰易懂的，這本書也是這樣的一種嘗試。本書出版之後，曾有相當長一段時間位列金融投資類暢銷書榜首，其受歡迎程度遠遠超出了當初的預期。

本書名為《投資中最簡單的事》，探討的是一些有關投資本質最簡單的原則和理念。雖然本書收錄的部分文章創作於七八年前，但是我們在書中試圖觸及的，是符合投資的核心和本質的、與時俱進的普適性規律。這些規律並不會因為時間的流逝而有所淡化，反之，經過時間的檢驗，我們更能夠分清哪些規律是真實有效的，哪些規律只是一段時間內的巧合。例如，有兩條原則在過去幾年的市場中就得到了充分的驗證：一條是「投資應該數月亮，勝而後求戰」，經過充分競爭之後行業集中度開始提升，贏家通吃，龍頭企業逐漸成為資本市場認可的「核心資產」；另一條是「便宜是硬道理」，低估值是超額收益的真正來源，好公司如果被合理定價，也不會有超額收益。

中國資本市場只有近三十年的發展歷史，而西方的資本市場走向成熟經歷了數百年，但歷史經驗表明，無論是一級市場還是二級市場，無論是實物投資還是證券投資，很多投資規律都是相通的。投資的本質是價值發現，長期投資成功的基石，是投資標的在其生命週期內自身創造的現金流能夠覆蓋投資者為之付出的價格。哪怕「新經濟」環境日新月異，各種新概念、新技術、新業態、新模式層出不窮，投資的本質和規律都沒有改變。紛繁複雜的資本市場裡，我們要學會遮罩各種雜訊的干擾，牢牢抓住行業的發展規律，關注公司的核心競爭力，才能夠以不變應萬變。

過去這五年，高毅資產也從一家初出茅廬的新創私募，成長為團隊實力較強、管理規模較大、影響力較廣的頭部量化私募平台。經常有人問高毅資產快速崛起的「祕訣」，這其中當然有環境和運氣的因素，但很重要的原因之一是這個平台聚集了一群熱愛投資的人、一群想在資產管理行業創造長期價值的人。高毅投研團隊的各個成員都擁有共同的價值觀，相信長期價值的創造，並且專注於透過研究發掘價值，在日復一日、年復一年的實踐中不斷磨合、相互促進，不斷完善彼此的投資理念和投資方法。高毅資產成立的初衷，就是希望打造一個優秀投資者相互促進、共同成長的俱樂部，形成一種圖書館式的文化，讓真正想做投資的基金經理專注於他們熱愛並擅長的事情，能夠細緻地研究、深入地思考，真正弄清行業和公司的本質。我們堅信，做投資如同庖丁解牛，追求以無厚入有間，只有找到行業的內在規律和優質公司的成長路徑，順應事物發展的客觀規律，最終才能事半功倍。

隨著近幾年中國資本市場參與者結構的變化，價值投資越來越受到廣泛的認同。二〇一七年以來，我有幸參與了高禮價值投資研究院的創辦。高禮價值投資研究院由高瓴資本發起設立，由耶魯大學首席投資官大衛・史文森（David Swensen）擔任名譽董事長，高瓴資本創辦人張磊擔任理事長，致力於為中國培養價值投資的中堅力量，推動價值投資在中國資本市場的實踐與應用，促進中國資本市場與實體經濟的共同繁榮。過去的兩三年裡，我們很欣喜能夠遇到一群熱愛價值投資、對新生事物充滿好奇的學員，他們都是一二級市場的優秀投資經理或資深研究員，他們既能夠與時俱進，又能不迷失於市場對新興概念的追逐和炒作。大家聚集在一起研究行業和公司，在這個過程中體會研究和投資的樂趣，真正踐行「與智者同行，做時間的朋友」。

投資，可以是高深的，也可以是簡單的；可以是煎熬的，也可以是快樂的。觀察那些成功的投資大師，讓人不禁思考投資成功的原因究竟有哪些呢？性格、原則、經驗、財務分析能力、行業洞察力……最後發現，投資的成敗與事物的複雜程度是沒有關係的，所以我們一直努力去把握投資的本質，這也是本書所討論的「投資中最簡單的事」。

謹以此書獻給先父，一名平凡而又不平凡的教師。我的父親出生在東南沿海的一個小漁村，周圍的人文化程度都不高，他經歷刻苦和勤奮考上大學，成為一名大學教授，著書立說，教書育人。父親的一生就是「讀書改變命運」的寫照，他也因此一生都致力於教育事業，幫助更多的人藉由讀書改變命運。近年來，我和母親、兄長一起設立「廈門大學邱華炳教育基金會」，命名了「廈門雙十中學邱華炳圖書資訊中心」，都是為了紀念和傳承父親把畢生奉獻給教育事業的精神。如果我的這本小書，能夠幫助一部分個人投資者（甚至一部分機構投資者）在初學投資的過程中少走一些彎路，我將深感榮幸。

邱國鷺

二〇一九年十二月

初版序

我投身股市已經二十二年，進入基金行業擔任職業投資人也已經十五年了，見證過一九九二年排隊買認購證時一本萬利的瘋狂，經歷過一九九九年納斯達克雞犬升天的科技股狂潮，以及泡沫破裂後狂跌百分之九十的大崩盤，也參與了二〇〇八年全球金融危機時對沖基金（又稱避險基金）對華爾街投行的擠兌。在市場的風風雨雨中，我時常會有感而發，產生提筆寫些什麼的想法，卻總是沒能實現。

三年前開始寫微博時，本來只想為自己散亂的投資思考留下隻言片語，卻意外地得到了各方朋友的支持和認可。幾篇即興寫就的長微博，居然也都有三四千次轉發和三四百萬次閱讀，著實讓我驚訝。許多良師益友也一直勸我出本書，把近年寫下的文章和隨筆彙集成冊，便於各方朋友閱讀和指正。

這本書起名為《投資中最簡單的事》，字面上看是對於霍華德·馬克斯的《投資最重要的事》的東施效顰之舉，但也有背後的深意。投資本身是一件很複雜的事，宏觀上涉及國家的政治、經濟、歷史、軍事；中觀上涉及行業格局演變、產業技術進步、上下游產業鏈變遷，微觀上涉及企業的發展戰略、公司治理、管理層素質、財務狀況、產品創新、行銷策略等方方面面。我們固然可以透過金融學、經濟學、心理學、會計學、統計學、社會學、企業管理學等跨學科的綜合知識體系來應對這個複雜的問題，但是，是否可以化繁為簡、直接追問什麼才是投資的本質？有沒有一些簡單可行的法則和工具能夠讓我們直接觸及投資的本質？既然投資有太多複雜的因素難以把握，我們能不能只試著去把握那些能夠把握的最簡單的事，把那些不能把握的複雜因素留給運氣和概率？

在從業餘炒股者成長為職業投資人的過程中，我在不同的階段鑽研過各式各樣的投資方法：從打探消息、跟莊炒作，到定量投資、程式化交易；從看K線圖的技術分析，到看財務報表的基本面分析；從精選個股的集中投資，到行業配置的組合投資；從尋找未來收入爆發的成長投資，到專注於現有資產低估的價值投資。這期間我也認識了投資風格各異的成功人士，意識到每個人的性格、經驗、學識和能力決定了最適合他的投資方式，無論哪種投資方法，只要做到精、做到深、做到專，就能立於不敗之地。然而，我在實踐中也深深地體會到，對於大多數人而言，只有價值投資才是真正可學、可用、可掌握的，因此它成了我職業生涯中一直堅持使用的投資方式。

誠然，對於一個真正的投資者而言，價值和成長是不可割裂的，一個沒有成長的公司很難說有很高的價值，一個估值過高的成長公司也很難說是好的投資標的。但是，如果一定要區分狹義的價值投資和成長投資的話，我會把價值投資表述為 $P0 < V0 < Vn$，把成長投資表述為 $P0 < V0 \ll Vn$。其中，P0 是股票今天的價格，V0 是公司現在的價值，Vn 是公司未來的價值，「$\ll$」代表「遠小於」。價值投資和成長投資殊途同歸，都是希望現在以五毛錢的價格購買未來價值一元錢的企業（$P0 \ll Vn$），兩者的區別無非是企業價值支撐的來源不同。成長投資的價值支撐，主要來自企業未來收入和利潤的高增長，更強調公司未來的價值 Vn 要遠

大於公司現在的價值V0，但這種投資需要預測未來的遠見，只有極少數的人能夠做到。價值投資的價值支撐，主要來自企業現有資產、利潤和現金流，更注重公司現在的價格P0是否遠小於公司現在的價值V0，這種投資需要分析現在，難度相對較小，大多數人透過學習都能夠掌握。

不可否認，每個投資人都有自己的能力邊界和侷限性，但只要認識到了侷限性的存在，就可以在一定程度上擺脫它的制約。我對自己的侷限性是這樣認識的：我更擅長總結過去規律性的東西，而不擅長預測未來的突破和演變；我更擅長在變化中尋找不變，而不擅長在不變中尋找變化。意識到這種侷限性的存在之後，我開始盡力尋找一些歷史上被證明行之有效的簡單法則、簡單工具，然後長期堅持。

比如，我把選股的要素簡化為估值、品質和時機，並且淡化了時機的重要性（不是因為不重要，而是因為難把握），於是選股的複雜問題就變成了尋找「便宜的好公司」這個相對簡單的問題。然後，針對不同的行業特性，利用波特五力、杜邦分析、估值分析等簡單工具，弄清這個行業裡決定競爭勝負的關鍵因素是什麼、什麼樣的公司算「好公司」、什麼樣的價格是「便宜的」。舉例來說，對於餐飲業而言，回頭客多、翻台率高、坪效高的就是「好公司」；對於連鎖零售業而言，同店增長快、開店速度快、應收賬款少的就是「好公司」；對於製造業而言，規模大、成本低、存貨少的就是「好公司」。

另外，我還努力奉行一些簡單的原則，例如：

第一，便宜是硬道理。即使是普通公司，只要足夠便宜，也會有豐厚的回報。A股市場魚龍混雜，發現「價格合理的偉大公司」的難度，遠遠超過尋找「價格被低估的普通公司」。

第二，定價權是核心競爭力。具核心競爭力的公司有兩個標準：一是做自己可以不斷複製的事情，比如麥當勞和星巴克可以不斷地跨區域開新店，在全世界成功複製；二是做別人不可能複製的事情，具備獨占資源、品牌美譽度、專利、技術、寡頭壟斷地位、牌照准入限制等特徵，最終體現為企業的定價權。

第三，勝而後求戰，不要戰而後求勝。百舸爭流的行業，增長再快也很難找投資標的，不妨等待行業「內戰」結束、贏家產生後再做投資。許多人擔心在勝負已分的行業中買贏家會太遲，其實騰訊、百度、格力、茅台等企業在十年前就已經是各自行業裡的贏家了，但是十年來它們的漲幅依然驚人。

第四，人棄我取，逆向投資。無論是巴菲特、索羅斯，還是鄧普頓、卡爾．伊坎，投資領域的集大成者，大多數都具有超強的逆向思維能力。A股的情緒波動容易走極端，任何概念和主題，無論真假，只要夠新夠炫，都能在短期內炒翻天，但是爆炒之後常是暴跌，因此對於如我這般手腳不快的人來說，「人多的地方不去」更是至理名言。

以上這些都是很簡單的法則和工具，所以不可能「總是對」，也不一定「馬上對」，但是這些法則和工具都是經過許多成功投資人長期驗證、觸及投資本質、規律性的東西。這些規律性的東西雖然看起來是投資中最簡單的事，卻也是投資中最本質的東西，並不會因為時空的不同而產生大的差異——雖然每隔幾年就會有一段時間，市場的狂熱讓人覺得「這次不同了」。十五年來，我親身經歷過兩次市場對價值投資的廣泛質疑，一次是一九九九年納斯達克泡沫的頂峰，另一次是二〇一三年A股的創新板熱潮。雖然兩次質疑相隔了十四年，但是其中的相似之處如此之多，以至於人們不得不感歎人性的亙古不變。雖然科學技術日新月異，但是人性中不變的貪婪和恐懼，總能讓那些認為「這次不同了」的觀點，隨著時間的推移被證明只不過是對歷史的健忘。

我想把這本書獻給我的父親邱華炳。父親是位大學教師，一生潛心學術、著作等身，學生遍佈金融、財稅、經濟的各個領域。因為父親，我在成長之初就近距離地接觸到許多之後的業界精英並向他們學習。無論是在專業還是生活上，父親都是我不折不扣的啟蒙老師，他總是教育我做事先做人，要常懷感恩之心、要多讀書，讀書的意義不在於積累知識而在於培養能力。父親去世已經十多年了，但是每次遇到他以前的學生，許多人依然清晰地記得父親說過的話和言談舉止的細節，他們流露出來的真摯情感和深切懷念，總令我感動不已。本書的稿酬將全部捐給父親生前從事的教育事業，以及他關心的家鄉公益事業。

最後，要特別感謝高瓴資本的張磊先生百忙中為本書作序。張磊先生是我最欽佩的投資人，他對行業規律的深刻理解、對企業品質的深入剖析、對格局變化的前瞻性把握都是非常值得我學習的地方，他的序言無疑為本書增色許多。同時，我也衷心感謝巴曙松、詹余引、陳鴻橋、裘國根和趙丹陽等良師益友們撥冗為本書所寫的推薦語。韓海峰做了許多協助文字整理的細緻工作，在此一併致謝。另外，要特別感謝湛廬文化的精心編輯，使原本雜亂無章的眾多內容昇華成一本脈絡清晰的書。

謹以此書與所有的投資人共勉。由於本書是由不同時間點所寫的文章、隨筆和演講實錄彙集而成，所作的一些判斷和評論都帶有鮮明的時間烙印和特定背景，請廣大讀者在閱讀時注意甄別。作者水準有限，疏漏在所難免，不足之處，歡迎各方朋友批評指正。

邱國鷺

二〇一四年七月

第一部分

投資理念

我的投資哲學就是買別人不買的東西，

在沒人買的時候買。

——卡爾．伊坎

01

以實業的眼光做投資：放掉猜測市場的情緒變化

下跌後，悲痛欲絕；上漲後，歡欣雀躍。兩者均無必要。其實，經濟還是那個經濟，公司還是那個公司，既不會因為急跌而變得更差，也不會因為急漲而變得更好。股價的短期起伏，反映的只是旁觀者們的情緒波動，與企業價值無關。以買企業的心態做投資，不因急跌而失措，也不因急漲而忘形。

投資一點通

+ **護城河**：每三四年就得重挖一次的護城河，其實不能算是護城河；而沒有護城河，就不斷會有前浪死在沙灘上。在一個先發優勢不斷被顛覆、沒有永遠的贏家的行業裡，只有勇於自我否定、因時而變才能生存。

+ **成長vs.門檻**：多數人喜歡成長，但我喜歡門檻。成長是未來的，難預測；門檻是既成的，易把握。高門檻行業，新進入者難存活，因此行業供給受限，競爭有序，有利於企業盈利增長；低門檻行業，行業供給增長快，無序競爭，誰也賺不到錢。（門檻，即行業護城河）

+ **成長vs.門檻：案例**：白色家電行業在二〇〇〇至二〇〇五年增長迅速，但利潤不佳，股價疲軟；二〇〇六至二〇一〇年行業增速減緩，但利潤大增，龍頭股價上漲十幾倍。轉捩點是二〇〇五年行業大洗牌，小廠退出，之後龍頭企業在規模、管道、成本、品牌等方面優勢擴大，阻止了新進入者，行業格局從野蠻生長的無序競爭，轉變為有門檻的有序競爭。

十幾年前我剛進入基金業的時候，曾問過公司的一位資深合夥人，怎樣才能成為一名優秀的基金經理。他說，其實很簡單，你只要記住兩條：**第一，把客戶的錢當作自己的錢來珍惜；第二，把二級市場的股票投資當作一級市場的實業投資來分析。**

這是不是一門好生意

如果用自己的錢做實業投資，首先要考慮的問題就是：這是不是一門好生意。不過，二級市場有時就是偏愛「爛生意」。比如二〇一三年市場上非常火爆的手機遊戲行業，就是一門爛生意。

根據艾瑞諮詢的不完全統計，二〇一二年僅在蘋果的 IOS 平台上，就有三千八百八十三家公司推出的一萬零四百款手機遊戲，如果再加上安卓平台就更是不計其數了。但在這麼多的遊戲當中，月營收過千萬的卻屈指可數。

即使運氣好做出了一款熱銷的遊戲，產品的生命週期一般也只有三到六個月，之後你就得推出新產品。事實上，數千家遊戲開發商中，能夠連續推出兩款熱銷遊戲的實在是鳳毛麟角。目前絕大多數的手機遊戲是單機遊戲，單機遊戲的特點就是產品生命短，這一點和網頁遊戲很像。事實表明，頁遊行業的內容開發方很難做大，只是市場選擇對此視而不見罷了。

手遊不像電腦線上遊戲那樣有較好的用戶黏著度，一款重度電腦線上遊戲可以暢銷個五年、十年，靠的是在遊戲中建立起一種深度互動、牢固的社會關係。但是，社交遊戲也不能保證自身的持續性，就像Facebook上曾經一統江湖的Zynga，二〇一二到二〇一三年股價暴跌百分之八十。幾年前，紅得不能再紅的偷瓜偷菜遊戲也是熟人之間的社交遊戲，但是紅過一陣子也就銷聲匿跡了，這樣的商業模式你怎麼能給出高估值呢？它今年賺的錢再多，你怎麼能夠知道三五年後這家公司是否還能像現在一樣興盛呢？而且，手機遊戲內容開發商的議價權其實是很有限的，主要的錢都被平台商賺走了。

大家都想成為平台，但是，要成為一個平台又談何容易？蘋果系統只有一個平台，安卓平台最後成功的可能也只有兩三個，再加上騰訊的微信平台，鐵定又要分流走很多遊戲玩家。在這樣的形勢下，手機遊戲開發商其實只能是「人為刀俎，我為魚肉」，讓平台把百分之七八十的收入分走。

人們只看到七億手機用戶這個巨大的市場，卻忽視了這其實是個競爭無比激烈、「一將功成萬骨枯」的行業。人們只看到成功的「一將」，選擇性地忽視了「枯了的萬骨」。任何公司只要跟手遊沾點邊就能夠被爆炒，甚至連旅遊公司推出個手機自助遊軟體也能夠受到市場的追捧。市場的非理性可見一斑。

企業的商業模式和現金流狀況

用自己的錢做實業投資所要考慮的第二個問題，就是這門生意的現金流狀況，畢竟做生意的最終目的便是賺取現金流。

投資微論

長期牛股：什麼行業易出長期牛股？行業集中度持續提高的行業。因為這樣的行業有門檻，有先發優勢，後浪沒法讓前浪死在沙灘上，易出大牛股。相反，如果行業越來越分散，說明行業門檻不高，既有的領先者沒有夠深的護城河來阻止追趕者搶奪其市場份額，這種行業一般是城頭變幻大王旗，各領風騷兩三年。

二〇一三年受市場熱捧的電影行業，其實是個現金流狀況很差的行業。中國每年會拍七百多部電影，只有二百多部能夠上映，其中票房能超過五億的屈指可數。即使賺了五億票房「大獲成功」的電影，扣除分給院線的一半，再扣除發行費、宣傳費，製片方能夠拿到手的大概只有二億多一點。再扣除給編劇、導演、製片和演員的薪酬及拍攝中的各種成本，最後剩下的淨利潤可能只有幾千萬元。

更麻煩的是，從現金流的角度看，拍電影得先寫劇本，然後請導演、搭班子、雇演員，支出一大筆費用，一年半載之後影片開始發行、宣傳，又是一大筆費用，而且電影公映之後要等好幾個月才能從票房中分到錢。所以很多電影公司不管利潤怎樣，現金流都是大幅為負，抗風險能力特別弱，一有風吹草動就容易元氣大傷。

無論是美國的百年老店米高梅，還是後起之秀夢工廠，只要有一些大製作成了票房毒藥，就逃脫不了破產和被收購的命運。美國的電影業發展了上百年，居然沒有一家獨立的電影公司，全都只是大型綜合傳媒集團的一部分，這也體現了電影作為一個獨立商業模式的內在缺陷。

另外，電影的定價權掌握在導演和演員手裡，觀眾買票到電影院是去看吳京、徐崢和馮小剛，不是去看電影公司，所以名導演和名演員的薪酬總能漲到讓電影製片方不怎麼賺錢的水準。就好比歐洲的足壇，雖然球星擁有天價收入，俱樂部卻在虧損，原因很簡單：定價權在球星手裡。迪士尼能夠歷經百年屹立不倒，很重要的原因是米老鼠和唐老鴨不會要求漲片酬。

用自己的錢做實業投資的人，除了一些另有所圖的暴發戶以外，很少有人會真金白銀地砸重金投資電影，因為這是個現金流很差、不確定性很高的行業。A股的電影公司動輒兩三百億市值，但是與它們相同規模、在美股上市的中國電影公司，市值卻只有十五億人民幣，兩者相差十幾倍。

我們再來比較一下房地產公司的商業模式，北上廣深隨

投資微論

好公司的兩個標準：一是它做的事情別人做不了；二是它做的事情自己可以重複做。前者是門檻，決定利潤率的高低和趨勢；後者是成長的可複製性，決定銷售增速。如果兩者不可兼得，寧要有門檻的低增長（可持續），也不要沒門檻的高增長（不可持續）。門檻是現有的，好把握；成長是將來的，難預測。

便賣棟別墅都是幾千萬元利潤，頂得上一部好電影了。拍電影不一定每部都能流行，而別墅幾乎每棟都賣得掉。再從現金流的角度看，地產公司只要出錢拍了地，挖個坑、做個沙盤就可以預售了，客戶會排著隊把錢交上，它用你的錢蓋你的房子，公司本身對現金流的要求其實並不高（盲目高價拿地的除外）。

行業的競爭格局和公司的比較優勢

用自己的錢做實業投資，要考慮的第三個問題，就是行業的競爭格局以及公司是否具有比較優勢。簡單說來，就是你作為一個後來者，想顛覆既有龍頭老大的地位，就得看自己能夠為客戶提供哪些不可比擬的價值，以及相對於競爭對手的比較競爭優勢在哪裡。

網路金融也是二〇一三年的市場熱點。許多人認為，再過五年十年，傳統銀行作為一個行業即將消失，所有的一切都會被網路銀行替代。其實網路銀行並不是什麼新鮮事物。一九九九年我研究所畢業後買的第一輛新車，就是用從美國網路銀行中得到的貸款購買的。

當時，我只是在網上填了一張表格，第二天早上，快遞就把一張支票送到我手裡了。然後我把那張支票拿去4S[1]店買下了一輛新車，使用者經驗可謂極佳。

二〇〇三年時人們都認為，十年後所有的傳統銀行都將被網路銀行替代，我對此也深信不疑。然而十年過去了，美國的銀行業仍然是富國（Wells Fargo & Company）、摩根大通（JPMorgan Chase & Co）的天下，而我鍾愛的那家網路銀行也在二〇〇七年破產了——甚至都沒熬到金融危機的到來。

二〇一三年時，許多研究員向我推薦網路金融的股票，都說網路會取代傳統銀行，我當時問了他們一個問題：為什麼網路銀行在美國、韓國、日本、歐洲這些網路經濟比我們更為發達的國家和地區嘗試了十幾年都沒有取得成功？沒有人能夠回答這個問題。

有人說是因為品牌和信任的欠缺，但我們可以看看美國運通的例子。它是金融業中的老牌企業，巴菲特幾十年來的重倉股，品牌號召力不可謂不強，客戶的信任度不可謂不高。它

1 4S店在中國指集汽車銷售、維修、配件和資訊服務於一體的銷售店。

也設立過網路銀行，我還曾經是它的客戶，它的金融卡可以在任何銀行的ATM機提款，美國運通會替你出手續費。網路銀行付的存款利息也比許多傳統銀行高，你可以和其他銀行一樣開支票、線上支付，用戶體驗非常好，但最後也沒有做成功。

網路的本質是「人生人」，優勢在於能以極低成本服務無數客戶，規模效應體現在「人多」，「二八」現象不明顯，是典型的散戶經濟，得散戶者得天下。銀行業的本質是「錢生錢」，規模效應體現在「錢多」，百分之八十的業務來自百分之二十的客戶，「二八」現象顯著，得大戶者得天下，而且那百分之二十的大客戶是需要線下高端服務的，這就是網路銀行至今在歐美日韓都沒有很成功的案例的重要原因。看一下日本最成功的網路銀行樂天銀行：成立十幾年，擁有四百二十萬客戶，才六百億元人民幣的存款，人均存款一點五萬元。再比較一下國內某股份制銀行的私人銀行部門：擁有二萬客戶，四千億元存款，人均二千萬元存款。兩者高下立現。

網路「人生人」主要靠兩條：一是網路效應（例如淘寶，買家多賣家就多，賣家多買家更多；社交網站，美女多帥哥就多，帥哥多美女更多），二靠人多提升使用者經驗（用戶越多搜索結果越精確；用戶越多，對餐廳的評價可信度越高）。可惜的是，網路銀行並不會因為使用者多而形成網路效應或者提升使用者經驗，因此優勢並不明顯。

中國電子商務增長速度比美國快得多，於是許多人就認為中國網路對銀行業的顛覆也會比美國快得多。其實，這種觀點忽略了中美兩國產業格局的巨大差異。

美國的線下零售業在網路出現時就已經很強大了，湧現了沃爾瑪、家得寶、塔吉特、百思買等一批世界級的零售巨頭，因此美國網路很難徹底顛覆線下零售，目前美國前十大電子商務網站大多是由傳統零售企業經營的。中國的線下零售業由於地方保護主義影響，並未形成沃爾瑪、家得寶那樣的全國性大企業，而且線下零售的物流成本、租金成本居高不下，從出廠到零售鏈條過長、運營效率低下、加價倍率過高，所以天貓、京東、唯品會等電商企業才能一路以摧枯拉朽之勢攻城掠地，可以說，中國線下零售的分散和低效是中國線上電商迅速崛起的重要原因。

相反，中國的線下銀行業比美國的線下銀行業要集中得多，五大國有銀行和上市股份制銀行的市場份額、資本實力、品牌認知、分行據點優勢都遠勝於美國同行，因此，網路銀行想要顛覆中國銀行業，難度遠大於顛覆零售行業，原因很簡單：線下對手要強大得多。舉個簡單的例子，銀行是有資本充足率要求的，上市股份制銀行的淨資本動輒兩三千億元，這是過去十幾年的行業利潤留存和資本市場多次融資後形成的積累，單這一項就不是新設立的網路銀行一朝一夕能夠趕上和顛覆的。

相比之下，中國的基金行業比美國的基金行業要弱得多，美國最大的資產管理公司一家就管理了三萬多億美元的資產，而中國的整個基金行業加起來才管理了三萬多億元人民幣，差距巨大。同時，基金行業沒有像銀行業那麼高的資本金門檻，國內的大型基金公司管理著價值數千億元的資產，但是註冊資本大多才一兩億元，淨資產也才二三十億元。因此，中國的網路金融首先從

投資微論

寡頭的力量：回顧過去五年，寡頭壟斷行業的利潤增長往往不斷超出預期，而市場集中度低的行業則常常陷於惡性競爭和價格戰的泥潭之中。白色家電（空調、冰箱和洗衣機）和黑色家電（電視）兩個行業的不同發展歷程，就是最好的明證。所以，投資製造業時更應關注工程機械、核心汽配、白色家電這樣的寡頭行業。分析技術變化快的行業時不必看市場占有率，而要看是否適應最新殺手級應用的潮流。

基金業取得突破也就順理成章了。

在美國的網路金融發展過程中，真正受衝擊的其實是傳統券商經紀業務，迄今為止銀行業受的影響並不大。那些認為網路應該能夠輕易地擊敗傳統銀行的觀點，嚴重地低估了中國銀行業的競爭力。事實上，銀行在ＩＴ和科技上的投入絲毫不比網路公司少，網路金融崛起的結果更可能是科技進步幫助傳統銀行業更好地服務於既有客戶，而不是顛覆性地改變行業現有格局。

喜新厭舊和皇帝的新衣

大家都喜歡新東西，但是有沒有人想過，為什麼幾年前聲勢浩大的風電、光伏、ＬＥＤ、電子書、鋰電池等新興行

投資微論

泥裡的寶石與廟堂的磚頭：市場經常對動態、暫時的資訊（政策打壓、訂單超預期、十送十）過度反應，卻對靜態、本質的資訊（公司的核心競爭優勢、行業競爭格局）反應嚴重不足。其實，寶石被人扔進泥裡再踩上幾隻腳也仍是寶石，磚頭被請進廟堂受人膜拜也仍是磚頭。當其他行業的龍頭公司想「移民」到某行業時，往往該行業股價已近階段性頂部。

業千般扶持卻總是爛泥扶不上牆？為什麼銀行地產百般打壓卻總是賺得盆滿缽滿？這是由內在的經濟規律、行業格局、供需關係和商業模式決定的，不以人的意志為轉移。做投資要研究的就是這些不以人的意志為轉移的規律，而不是整天去猜測市場的情緒變化。有時猜測別人的情緒變化能給我們帶來收益，但那是不能夠持久的。而經濟規律、行業特質、商業模式是客觀存在的，你只要研究透了，它在三五年內是不會有大變化的，能為理解這些規律的投資人提供持續的競爭優勢。

本文寫於創新板創出歷史新高之日，多少有些不合時宜。但是，皇帝沒穿衣服，卻必須有人指出，即使是在市場的一片火熱和喧囂中，誰也不知道這樣的火熱和喧囂還能持續多久，然而即使在炒作和投機經常盛行的A股市場中，理性也只會遲到，從來不會缺席。

當下的思考

二〇一三年前八個月創新板大漲近百分之七十，代表藍籌股的滬深300下跌約百分之八。大多數投資者對各種新概念、新技術、新行業充滿熱情，選擇的投資領域主要集中於電影、手機遊戲、網路金融，而銀行、地產行業的一些優質公司估值極低卻被大多數投資者「拋棄」，很多上市公司也選擇併購電影工作室、手機遊戲開發商，或者切入網路金融領域尋求轉型的機會。回頭看，二〇一三到二〇一九年，銀行業、地產行業的龍頭公司股價上漲近百分之三百，而影視公司、手遊開發商股價大多下跌百分之五十以上，網路金融，特別是P2P更是一地雞毛。市場的主題炒作往往是短期的，長期發揮決定性作用的仍然是行業競爭格局、公司競爭優勢和定價權。只有堅持以實業的眼光去評估企業的價值，不受市場的極端情緒波動所影響，時間才會是我們的朋友。

02

逆向投資：為何眾人都不看好的投資，卻能成為你的機會？

眾人奪路而逃時，不擋路、不跟隨。不擋路是因為不想被踩死，不跟隨是因為烏合之眾往往跑錯方向。不如作壁上觀，等眾人作鳥獸散後，撿些他們拋棄的糧草輜重和掉落的金銀細軟。看這慌不擇路的樣子，這一次不需要等太久的。

投資一點通

＋新興行業看需求，傳統行業看供給：新興行業講的是需求快速成長的事，不必糾結於供給。而傳統行業則只有控制供給，企業利潤才能快速增長。長期看表現好的傳統行業要麼是寡頭行業，要麼是淘汰落後產能的行業，二者的供給增長相對於需求而言都受到了有效控制。

＋行業集中度：很多人認為小股票的成長性普遍好於大股票。如果這是事實的話，那麼大多數行業的集中度就會越來越低。但是只要關注一下工程機械、汽車、家電、啤酒、原料藥、網路等眾多行業，你就會發現這些行業的集中度在過去幾年都是持續提高的，這說明還是有許多行業裡的大企業增長快於小企業。在這些行業裡，低估值、高成長的行業龍頭，投資價值就遠高於行業內的小股票。

＋得到、已失去與正擁有：以高估值買新興行業而落入成長陷阱的是沉迷於「未得到」，以低估值買夕陽行業而落入價值陷阱的是沉迷於「已失去」。投資中風險收益比最高的，還是那些容易被低估的「正擁有」。

投資做了十幾年，我深深體會到人棄我取、逆向投資是超額收益的重要來源。印象特別深刻的一次是二〇一二年七月二日，廣州宣佈汽車限購的當天，汽車股紛紛跳水甚至跌停。現在看來，之後半年的市場是下跌的，而汽車股卻平均逆市上漲了百分之三十。再看看二〇一〇年的工程機械、二〇一一年的銀行、二〇一二年的地產，都印證了「人棄我取、逆向投資」的有效性。

逆向投資的關鍵

逆向投資是最簡單也最不容易學習的投資方式，因為它不是一種技能，而是一種品格——品格是無法學習的，只能透過實踐慢慢磨鍊出來。投資領域的集大成者大多數都具有超強的逆向思維能力，儘管他們對此的表述各不相同。索羅斯（George Soros）說：「凡事總有盛極而衰的時候，大好之後便是大壞。」鄧普頓（John Templeton）說：「要做拍賣會上唯一的出價者。」查理・蒙格（Charles T. Munger）說：「倒過來想，一定要倒過來想。」

卡爾・伊坎（Icahn Enterprises）說：「買別人不買的東西，在沒人買的時候買。」巴菲特（Warren Edward Buffett）說：「別人恐懼時我貪婪，別人貪婪時我恐懼。」

然而，不是所有人都適合做逆向投資，也不是所有急跌的股票都值得買入，畢竟「不接下跌的飛刀」這句話，是無數人得到了血的教訓之後總結出來的。一支下跌的股票是否值得逆向投資的關鍵，在於以下三點。

首先，看估值是否夠低、是否已經過度反映了可能的壞消息。估值高的股票本身估值下調的空間大，加上這類股票的未來增長預期同樣存在巨大下調空間，因此這種「大衛斯雙殺」導致的下跌一般持續時間長而且幅度大，剛開始暴跌時不宜逆向投資。二〇二一到二〇二二年，A股電腦行業的許多「大眾情人」在估值和預期利潤雙雙腰斬的背景下，持續下跌了百分之七十就是例證。二〇二二年年底，這些股票從成長股跌成了價值股，反而可以開始研究了。

其次，看遭遇的問題是否為短期問題、是否為可解決的問題。例如，零售股面臨的網購衝擊、新建城市綜合體導致舊商圈優勢喪失、租金勞動力成本上漲壓縮利潤空間等問題，就不是短期能夠解決的，因此其股價持續兩年的大幅調整也是順理成章。不過，現在大家都把零售當作夕陽行業，反而有階段性反彈的可能——儘管大的趨勢仍然是長期向下。

最後，看股價暴跌本身是否會導致公司的基本面進一步惡化，即是否有索羅斯所說的反身性（Reflexivity）。貝爾斯登（The Bear Stearns Companies, Inc.）和雷曼兄弟（Lehman Brothers Holdings Inc.）的股價下跌，直接引發了債券評級的下降以及交易對手追加保證金的要求，這種負反饋帶來的連鎖反應就不適合逆向投資。中國的銀行業因為有政府的隱性擔保（中央經濟工作會議指出「堅決守住不發生系統性和區域性金融風險的底線」），不存在這種反身性，因此可以逆向投資。

投資微論

有些股票，你有持倉，但是下跌時你心裡一點也不慌，甚至希望它多跌一點好讓你加倉，這說明你對該股票已有足夠了解，對其內在價值和未來前景有比市場更為精準的把握，因此市場價格的波動已經不會影響到你的情緒了。對這些股票而言，下跌只是提供一個更好的買點罷了——買之後的淡定，源自買之前的分析。還有些股票，漲的時候讓你豪情萬丈，跌的時候讓你肝腸寸斷，這樣的股票不碰也罷，因為還沒研究透。買股票之前問問自己，下跌後敢加倉嗎？如果不敢，最好一開始就別買，因為價格的波動是不可避免的。

不是每個行業都適合做逆向投資

不是每個行業都適合做逆向投資：有色金屬與煤炭之類的最好是跟著趨勢走，鋼鐵這類夕陽行業有可能是價值陷阱，電腦、通信、電子等技術變化快的行業同樣不適合越跌越買。相較而言，食品飲料是個適合逆向投資的領域。作為消費者，我對食品安全事故深惡痛絕，但是作為投資者，我們不應該把個人感情因素帶入投資決策。從歷史上看，食品安全事故往往是行業投資較好的買入點，特別是那些沒有直接捲入安全事故或牽涉程度較淺的行業龍頭企業，更有可能是建倉良機。

還記得十幾年前，我剛入行沒多久，公司的基金經理們（都是鐵桿的價值投資者和逆向投資者）在狂牛症的恐慌中買入了麥當勞的股票，數年後麥當勞的股價上漲了五倍，那是我逆向投資的第一課。再看看這幾年發生的瘦肉精事件、三聚氰胺事件和毒膠囊事件，它們對所涉及的行業都沒有產生持久或致命的打擊，對行業銷量的負面影響一般只持續兩三個月。與行業狀況相反，那些沒有直接捲入安全事故或牽涉程度較淺的行業龍頭的市場份額，反而在事故發生後進一步擴大，因為人們購買時更加看重「大牌子」了，畢竟與小廠商相比，龍頭企業更有資源和動力維護自己的品牌聲譽。

再看看在香港上市的台灣飲料和快消品龍頭統一食品，二〇一一年因直接捲入塑化劑事件導致股價從六元跌至三點六元，事件過去後，統一食品二〇一二年股價最高漲到十點四元，翻了三倍。二〇一二年的白酒股因為塑化劑事件大幅跳水。在面對其他類似食品安全事件的逆向投資機會時，投資者可以思考這樣幾個問題：

- 有無替代品。若有替代品（例如三株口服液之類的營養品就有眾多替代品），則謹慎；若無替代品，則積極。
- 是個股問題還是行業問題。如果主要是個股問題，則避開涉事個股，重點研究其競爭對手；即使是行業問題（例如毒奶粉），也可關注受影響相對較小的個股。
- 是主動添加違規成分還是「被動中槍」。前者宜謹慎，後者可積極。
- 該問題是否容易解決。若容易解決，則積極；若難以解決（例如三聚氰胺問題），影響可能持續的時間長且有再次爆發的可能性，則謹慎。

• 涉事企業是否有紮實的根基。悠久的歷史傳承和廣泛的品牌美譽度在危機時刻往往有決定性的作用，秦池集團、孔府家酒的倒台就是由於根基不穩而盤子卻鋪得太大。

• 是否有突出的受害者個例。這決定了事件對消費者的影響是否持久。

事後看來，二〇一三年白酒行業極其低迷，但是主要原因是八項規定等反腐措施，相比之下塑化劑的影響幾乎可以忽略不計。

日本發生核能外洩事故後，巴菲特稱自己對日本的看法與一週之前沒有變化。這種泰山崩於前而色不變的境界自然不是吾等凡夫俗子可以達到的，但我們應該明白，對於災難的發生，每個人都很難過，但是投資決策不應該加入感情的因素。在許多被媒體炒得沸沸揚揚的突發事件發生後的一兩個月，股市往往會有過度反應，此時購買就容易獲得超額收益。在九一一事件後買入航空股的人最後都獲利頗豐，

投資微論

二〇一二年各行各業都在開酒廠，二〇一三年人人都要做手遊。大家都擠在樹上摘葡萄時，也許就是該在地上撿蘋果的時候了。

在「7．23」甬溫線特別重大鐵路交通事故後的一兩個月，購買鐵路建設和鐵路設備股票的投資者，也大幅跑贏市場一年多。

最一致的時候就是最危險的時候

逆向投資還要注意冷靜面對那些熱門板塊，就像兩三年前被吹得天花亂墜的新興行業，現在回頭一看，風電、光伏、電動車、電子書、LED等幾個行業許下的「承諾」一個也沒有兌現——至少都不是由當初那些公司實現的。其實，很多高估值板塊都是「吹」起來的，未來從來不會有他們吹噓的那麼美好。A股的情緒波動容易走極端，因此「人多的地方不去」是至理名言。

其實，獨立思考、逆向而動效果往往更好。基金公司作為一個整體的行業配置，在一般情況下是對的（畢竟專業人士相較於其他市場參與者還是有一定優勢），但是在極端的情況下，基金公司也很可能是錯的。二〇一四年年初，在基金公司的行業配置中，對TMT

（Technology／科技、Media／媒體，Telecom／通信產業）和醫藥的超配程度以及對金融地產的低配程度都達到了十年之最。上一次基金整體配置如此失衡，是在二〇一〇年年底。

二〇一〇年十一月我接受《中國證券報》採訪時，提到的一個論題就是「銀行與醫藥股票哪一個前景更好」，當時我的一個基本結論就是醫藥比銀行貴三倍，但是增長不可能比銀行快三倍。在之後的兩年中，二〇一一年銀行股跌了百分之五，醫藥股跌了百分之三十；二〇一二年銀行股漲了百分之十三，醫藥股漲了百分之六；兩年累計下來看，機構一致低配的銀行股大幅跑贏了機構一致超配的醫藥股，再一次驗證了「最一致的時候就是最危險的時候」這句老話。二〇一三年各機構再次一致地憧憬著老齡化對醫藥的無限需求，把醫藥股的估值推高到三十倍市盈率。比起五倍市盈率的銀行，當時機構做出的比較和得出的基本結論，現在幾乎可以原封不動地重複一遍。

幾年來各機構對醫改的認識似乎沒有多少改變，還是只看到了醫保（中國醫療保障制度）覆蓋面的擴大，沒看到醫改對藥價的打壓。日本過去二十年人口老齡化這麼嚴重，醫藥產業規模的年度增長率還不到百分之一，就是因為政府對藥價的不斷打壓。

機構對醫藥股的樂觀，主要是因為他們太過於依賴醫藥上市公司對醫改的解讀。其實只要找個醫院院長或者衛生部官員調查研究一下，就會發現醫保覆蓋面的增加主要體現在過去三年的一次性提升，未來不會再有進一步的大幅提升。而省級統一招標、藥品零加成、總額控費、超支分擔、按病種付費等多項措施正處於試點和推廣的初期，核心只有一個：進一步限制藥價和用量以達到「少花錢、多辦事」的目標，直接手段就是將醫藥從醫院的利潤中心調整為成本中心，這種轉變對醫藥行業整個利益鏈的衝擊是巨大的。當然，醫藥作為一個差異化、有門檻的行業，無論板塊走勢如何，今後幾年在目前一百五十支醫藥股中也會出幾隻大牛股，但是個股的光明前景並不能掩蓋對行業的整體高估。

坦率地說，我也不知道醫藥股的高估值還能持續多久，也許會從高估變成更高估。無論錯誤定價的程度有多大，沒有人能夠事前預知轉捩點。作為投資者，我們能分辨清楚的就是市場的錯誤定價在哪個板塊，以及錯誤的程度有多大，然後遠離被高估的板塊，買入被低估的公司。至於市場要等多久才會進行糾錯，糾錯前會不會把這種錯誤定價進一步擴大，就不是能夠預測的了。

以小股票和大股票的相對表現為例，我在二〇一〇年十二月十三日《上海證券報》的採訪中說：「小股票與大股票的相對估值已是十年來的最高點，上一次小股票相對於大股票的估值溢價達到這樣的高點是在二〇〇一年，之後小股票連續四年跑輸大股票。也許這次小股票還能再領漲幾個月甚至幾個季度，但是其股價在目前的位置已經沒有安全邊際，這種最後一棒的風險收益比已經不符合投資的要求，轉而成為一種擊鼓傳花式的博傻遊戲。」

事實證明，中小版指數在二〇一一年下跌了百分之三十七，二〇一二年再跌了百分之四，大幅跑輸代表大盤藍籌的滬深300指數。但是，即使兩年前小股票與大股票的估值相差巨大，又有誰事前知道小盤股相對大盤股的轉折點會在哪裡呢？又有誰事前敢說小股票不會再「繼續領漲幾個月甚至幾個季度」呢？作為投資者，在當時的那種環境之下，我們只能牢記管子所

投資微論

逆向投資並非一味與市場作對，因為市場在大多數時候是對的。但有的時候市場也可以錯得很離譜，此時就不必在意市場的主流觀點了。在大多數時候，真理在大多數人手裡；在少數時候，真理在少數人手裡。如何區別這兩種情況呢？一般說來，趨勢的初期和末期，就是真理在少數人手裡的時候。

說的「不處不可久，不行不可復」，不去「擊鼓傳花」，不接最後一棒，把選股範圍基本限制在低估值的大盤藍籌裡，以此躲過中小盤中的許多「地雷」。

逆向投資，未來超額收益的重要源泉

當然，任何投資方法都有缺陷，逆向投資的短板就是經常會買早了或者賣早了。**買早了還得熬得住，這是逆向投資者的必備素質。**投資者必須明白一個道理，市場中沒有人能夠賣在最高點、買在最低點。在二〇〇七年的牛市中，即使指數後來漲到了

投資微論

我有個習慣：每年年初和年中時匯總所有基金公司的季報行業配置。對大家都追捧的熱門行業，我就謹慎一點；對大家都嫌棄的冷門行業，我就試著樂觀一點。在沒有新增資金入市的過去兩三年裡，這個辦法多數時候還是管用的，因為當只有存量資金在場內不斷倒騰來倒騰去的時候，別去人多的地方。當然，有時難免賣早了，錯過了熱門行業最後的瘋狂；有時又買早了，多挨了冷門行業的最後一跌。逆向投資不可能完全避免「領先兩步成先烈」的風險，不過只要判斷正確，還是能咬牙熬到「領先一步是先鋒」的正果。躲在冷門行業的好處是永遠不用擔心被「踩踏事件」傷著。

六千一百點，能夠在四千點以上出貨也是幸運的；在二〇〇八年的熊市中，即使指數後來又跌到了一六六四點，能夠在二千點建倉也是幸運的。頂部和底部只是一個區域，該逆向時就不要猶豫，不要在乎短期最後一跌的得失，只要能笑到最後，短期難熬點又何妨？只有熬得住的投資者才適合做逆向投資。在A股這樣急功近利的市場中，能熬、願熬的人少了，因此逆向投資在未來仍將是超額收益的重要來源。

當下的思考

此文的背景是二〇一二年年底的白酒塑化劑事件，當時很多投資者恐慌性地拋售白酒股票，但這並不改變白酒依然是最好的生意模式這一事實。雖然二〇一三年白酒股價大幅調整，但主要影響因素是中央八項規定，而非塑化劑。優質公司碰到短期問題時，往往是較好的投資時點，二〇一三年的白酒公司就是例證。

03

便宜不等於不好：低估值股票為什麼值得你投入？

貪婪有兩種，一種是在六千點時明知貴了，但還想等多漲一會兒再賣；另一種是在二千點時覺得便宜了，但還想等多跌一會兒再買。

投資一點通

+ **軍閥割據**：有銷售半徑的行業（如啤酒和水泥），重要的不是全國市場占有率，而是區域市場集中度。在「軍閥混戰」階段，企業為搶地盤打價格戰，兩敗俱傷；到了「軍閥割據」階段，彼此勢力範圍劃清，各自在優勢地區掌握定價權，共同繁榮。從「軍閥混戰」的無序競爭過渡到「軍閥割據」的有序競爭，是值得關注的行業轉捩點。

+ **沒有門檻的高增長**：二〇一一年新興行業的股票表現乏力，其實也不足為奇——當一大堆錢湧進一個門檻不高、未來發展路徑不明的行業時，失望是常有的事。沒有門檻的高增長是不可持續的。在美國上市的中國太陽能股票近年來紛紛從高點跌落百分之九十的案例，值得好好研究。

+ **政策**：短線資金喜歡炒政策支持的行業，但從長線資本的角度看，國家限制的行業淘汰了落後產能，限制了新進入者。行業集中度提高，剩下的龍頭企業的日子反而好過。

價格本質上是一種貨幣現象

市場有這樣一個特點：每次上漲以後，好像樂觀的觀點和樂觀的人就多了一些；每次下跌以後，悲觀的觀點和悲觀的人就多了一些。而且市場上漲以後樂觀的觀點，顯得特別有深度，特別有魄力，特別有遠見；下跌以後悲觀的觀點則顯得特別睿智，特別深刻，特別有說服力。

但是，讓我們仔細想想，做投資最重要的是什麼呢？**投資中影響股價漲跌的因素是無窮無盡的，但是最重要的其實只有兩點，一個是估值，一個是流動性。**估值就是價格相對於價值是便宜了還是貴了，估值決定了股票能夠上漲的空間；流動性則決定了股市漲跌的時間。現在我們對市場做一個基本的判斷，應該說估值不高所以是有上漲空間的，但是大家卻沒有看到流動性的顯著改善。雖然央行已經降低了存款準備金，但是經過了一年多的時間，大家仍然感覺資金比較緊張。流動性的改善需要時間，也就是說政策從預調、微調，到最終能夠成為市場向上的推力，這個轉變也需要時間。

其實，二〇一一年的市場讓許多人都比較失望，感覺好像大股票不行、小股票也不行。為什麼會這樣子呢？很簡單，我們看一下貨幣的供應量M2，二〇一一年與二〇一〇年相比，增速只有百分之十二點七[2]。我們都知道，M2的合理增速應該大致比名義GDP快二到三個點。相對於我們的經濟增長速度，當前的貨幣供應量只是一個基本的、能夠滿足現有經濟運行需要的水準。因為二〇一一年通膨水準大概為百分之五，GDP增速為百分之九，加起來有百分之十四，所以合理的貨幣供應量M2增長速度應該在百分之十六到百分之十七，但貨幣增速只有百分之十二，與合理值相差了大約百分之五。

這百分之五是什麼概念？二〇一一年年初的M2存量是七十多萬億元，市場流動性活生生地少了三萬億到四萬億元。在這個背景下，我們會看到好多東西的價格開始縮水。不只是股票，房地產在上海和北京的表現也非常明顯，房價開始撐不住了；其他不管是大豆這種非生產性的，還是那些相對稀缺物品的價格都在往下走：紅酒中拉菲的價格在二〇一一年

2 二〇一一年十一月同比資料，十二月的資料當時還未發佈。

有了明顯的下跌；二〇一一年四月份的時候，白銀曾經一週下跌了百分之三十，創造了三十年來最大的週跌幅。

由此可見，流動性一旦收得緊了，很多東西的價格就會撐不住，其中的道理很簡單：所有的價格其實本質上都是一種貨幣現象，就是說你的資金跟你所有東西的價格之和，其實是一致的。這就是為什麼在紙幣發明以前，我們把黃金和白銀當作貨幣的時候，每過一段時間都會出現一次通貨緊縮——黃金和白銀的數量的增長跟不上經濟的發展速度。前十七個世紀經濟之所以基本上沒有什麼發展，是因為每發展幾年政府就發現錢不夠了。所有的價格本質上都是貨幣現象，比如錢多了，水漲船高，所有東西的價格都往上漲；一旦錢少了，所有東西的價格都會往下跌。

好消息是什麼呢？好消息是現在錢的狀況開始出現扭轉。很多人都覺得現在只是一個預調、微調的過程，而我的判斷是這個「微調」的力度會比大家想得大。因為經濟總體上是在走低（也可能在第一季度、或第二季度可以止穩），目前已經過了大家擔心經濟過熱的時候。二〇一一年時通膨走高，我確實有點擔心經濟過熱。二〇一一年的貨幣供應量會這麼緊張，主要是因為政府想要調控通膨、打壓房價。

這兩個基本的主要目標，現在來看應該說基本都做到了。通膨從二〇一一年七月份的六點五到現在的四點一，一直到二〇一二年八月份都沒有什麼可擔憂的。由於基數原因，二〇一二年年底通膨會有一些反覆，但是它會繼續下行，這個趨勢不會變；二〇一二年房價也不用過於擔心。

其實所有在炒作的、不能用於生產的東西，基本上價格趨勢都在往下走，甚至包括一些古玩、字畫、古董這樣的藝術品。這些價格沒有明確的指數，大家感覺好像還不錯，其實要想了解藝術品的價格，看蘇富比的股價就可以。藝術品的價格相對較高，流動性又相對較差，蘇富比的股價在過去幾個月一直在調整，這些都是有規律可循的。

投資微論

右側投資：常有人說，在A股做價值投資難，概念股滿天飛，好公司沒人要，便宜的股票買入後往往變得更便宜。換一個角度看，好公司股價被低估，應該是價值投資者的幸事。A股既不缺價值，也不缺發現價值的眼睛，缺的是堅守價值的心。其實大家都知道哪些股票被低估，但大家就是都不買，都在等著做右側投資。

買的時候足夠便宜，就不用擔心做傻瓜

前文體現了一些基本的投資規律。以香港為例，香港的股市一般會領先於香港的房市，二〇〇三年的時候股市先漲，然後房子的價格開始慢慢上漲。**我認為，要分清楚什麼東西先動，什麼東西後動，什麼東西是你更關心的其他東西的領先指標。**

二〇一四年上證指數又跌破了二千二百點，十年前上證指數是二千二百五十點，好像是十年一夢。而市場還在下跌，於是有一些人就得出了結論，認為股票長期來看不具備投資價值，或者說所謂的價值投資在中國行不通。但如果反過來仔細想，在二〇〇一年的時候，上證指數是二千二百多點，一般市盈率大概有五十多倍，就是說一檔股票如果股價是五元，那麼利潤只有大概一毛，假如利潤不增長，五十年才能夠回本。市場一路下跌到今年，藍籌的市盈率大概是十倍，從盈利收益率（E／P）的角度來講就是百分之十，很多銀行股、藍籌股的股息率，基本上和銀行的利率差不多。

這個時候，投資價值就慢慢地突顯出來了，特別是連監管機關都在鼓勵公司分紅。過去

十年沒有漲，很多人就認為股票不能買，其實你反過來想，這更說明現在的股票價值比十年前要高得多。當然，這對於做短線的人來說差別不是很大：高買可以更高賣，低買可能跌得更低。這跟游泳是一樣的，你是退潮的時候去游泳，還是漲潮的時候去游泳？其實漲潮的時候是比較安全的，因為你可以被沖到岸上，而有時候退潮之後，潮水達到最低點就是最好的買點。過去十年也許是一個大的退潮，十年前估值很高，現在估值很低，當然十倍市盈率也可以變成八倍，但是相對來講，它的安全性就比五十倍的時候高得多。很多人認為過去十年股票不漲，說明價值投資沒有用，其實這只說明了二〇〇一年時用五十倍的估值去買股票，就不是價值投資。

許多人認為A股就是不一樣，五十倍買可以用六十倍賣，其實不管是A股還是別國股票，一樣都是投資，一樣有投資的基本規律。我原先在國外做對沖基金的時候，做過很多國家和地區的股票，加拿大、美國、韓國、香港等這些市場我都做過投資，這些市場相似的地方比不同的地方還要多。相似的地方是什麼呢？其實基本的還是兩條，一是估值，二是流動性的影響。

我一直跟很多人講長期投資如何如何，但得到的回饋是「長期來說我們都死了」。投資行業中很多人說，A股已經十年不漲，日本更是二十年跌了百分之八十，這種長期投資沒賺到錢是為什麼呢？這是因為在你買的時候股票估值已經很高了，二〇〇一年A股的市盈率是五十倍，一九九〇年日本的市盈率是七十倍，如果你當時以十倍的市盈率購買，也就是以當時日經指數四萬點的七分之一買入，那麼成本在日經指數六千點。日本股市經歷了垮掉的二十年和這麼多的負面消息，現在日經指數還有八千多點，說明只要買的時候足夠便宜，就不用擔心賣的時候

投資微論

公司有四種：好的、平庸的、爛的、看不懂的；股票也有四種：被低估的、合理的、被高估的、估不準的。人的知識、時間、精神都是有限的，因此看不懂的公司占了一大半。在看得懂的公司中，估不準的又占了一大半。看得懂又估得準的，被高估的占了一大半。看得懂、估得準又沒被高估的，爛公司占了一大半。剩下的股票中，合理價位的平庸公司又占了一大半。所以，一般情況下能找到被低估的平庸公司或合理價位的好公司已屬不易，能買到被低估的好公司更是難上加難。可惜的是，當市場湧現大批被低估的好公司時，大家一般都在忙著斬倉。

賣不出去。

山姆．沃爾頓（Sam Walton）是沃爾瑪的創辦人。沃爾瑪是現在全世界銷售額最大的公司，其銷售額相當於世界第六大國的GDP，達到相當於德國、英國的經濟水準。他有一句名言：「你只要買得便宜，就可以賣得便宜。」只要買的時候不是太貴，就不用擔心賣不出去。如果你買的時候就特別貴，將來要賣出時就必須要找到一個比你更大的傻瓜，但是這個世界的特點是騙子越來越多，傻瓜不夠用，不能老是指望別人當傻瓜。

要牢牢抓住定價權

A股市場曾有很長一段時間在「擊鼓傳花」，反正只要鼓聲沒有停，你就只需要管這個漲停買進來下個拋出去，不用關心這檔股票是不是好股票，這個公司是不是好公司，有沒有好的產品、有沒有好的市場定位、有沒有好的品牌、有沒有好的管道、有沒有好的管理層、有沒有低的生產成本——這些通通不重要。確實，在二〇〇三年以前這些都不重要，仔細看從二〇〇二年開始漲得好的股票，其實大多是有基本面支持的。過去七、八年市盈率估值基本上沒怎麼動，有的甚至還在往下走，而股價漲了五倍、十倍的股票很多都是利潤翻了十倍、十五倍。

回想一下，二〇〇六年以前中國大多數的行業都是惡性競爭，都在打價格戰，那個時候沒有什麼品牌，就是比看誰便宜，大家都在做低端的出口，基本上賺不到錢。

為什麼到了二〇一二年很多做實業的人不做了？因為實業不好做了，行業競爭格局已經過了自由競爭的階段。以空調行業為例，空調行業二〇〇〇到二〇〇五年的增長速度非常快，當時大家還沒有空調，所以銷售增速很快；二〇〇六到二〇一一年這五年，空調行業的增速出現下滑。我們觀察格力、美的以及海爾這三大空調生產商二〇〇〇到二〇〇五年的股價變化，格力股價基本上沒動，美的和海爾跌了三分之一。雖然空調行業增速非常快，但那個時候大家都在打價格戰，跑馬圈地，既沒有賺到錢，股市環境也不好。二〇〇六到二〇一一年，行業增速雖然下降了，但是這三檔股票的股價從二〇〇六到二〇一〇年年底，都漲了至少十倍。

增長速度與股票表現為什麼不一樣呢？二〇〇六年的時候有百分之六十的空調廠商破產，這些破產的都是一些小企業，市場份額可能只有一點點。二〇〇六年以前空調行業是一個自由競爭的行業，二〇〇六年之後變成了雙寡頭的局面，老大和老二加起來可能有接近、甚至超過百分之五十的市場份額，老三老四基本上只有幾個點，這個時候龍頭企業就有定價權了。

所謂的投資，就是牢牢抓住這個定價權。就像茅台，二〇二〇年以前整天在漲價，日子太好過了，怎麼漲價都有人買，為什麼呢？就是有這個定價權。而我們會發現另一些企業，比如鋼鐵和化工，總是沒有定價權，稍微漲一點鋼價得到的利潤就被鐵礦石漲價給賺走了。行業太分散，而且產品沒有差異化，沒有差異化就沒有定價權，除非你是壟斷企業。

我之所以對中國A股未來的基本面比較樂觀，關鍵在於我們現在行業的競爭格局跟以前不一樣了，現在的上市公司特別是藍籌股，雖然有一些是不值得買的、管理很差的國有企業，但的確有一些盤子不大，管理層又比較有執行力、領導力和有戰略眼光的行業龍頭公司在中國經濟中占據不可動搖的地位。

選股票，一定是先選行業。就像買房子，一定是先看社區，社區不行，房子再漂亮也不行。買股票也是，股票本身再好，只要這個行業不好，一樣很難漲起來。買房子先選社區，買股票先選行業，那麼什麼樣的行業是好行業呢？很簡單，有門檻、有積累、有定價權的那種行業。

所謂門檻，就是不是誰想進來就可以進來的。我們都知道中國有十四億多人口，如果某一個行業短期增長很快，利潤率很高，就會有一千個人來山寨你的產品，另外一千個人想比你做得規模更大，然後把成本做得比你低。所以你必須處於一個有門檻的行業：需要執照，或者有一定的品牌優勢。別人也可以做，但你的品牌比別人好；或者你的技術有某種專利；或者你掌握某種礦產或資源，別人沒辦法無中生有。

定價權的來源，基本上要麼是壟斷、要麼是品牌、要麼是技術專利、要麼是資源礦產，或者相對稀缺的某種特定資產。這樣的行業就會有一定的定價權、一定的門檻，這樣才能把競爭堵在門口，才會有積累。

有的行業短期增長好像很快，但是這種短期增長不是靠自己的本事，有的是靠依賴攀附其他產業，比如給 iPhone、iPad 做一點小小的零件。就像二〇一二年有一些電子股，因為給 iPhone 和 iPad 做零件漲了好幾倍，然後又暴跌。這種「攀附者」是一種寄生式的增長，不是靠自己的核心競爭力。人家買的是 iPhone，不是你做的這個小零件，就像人家買的是 LV 的包包，而你做的是 LV 的拉鍊一樣，這兩者的用戶忠誠度、可替代性和核心競爭力都是不可同日而語的。

這和一個年輕人在選擇行業的時候，一定是找那種有積累的行業，是相同道理。比如投資就是有積累的行業，一個做過十年的投資人和只做過一年的就是不一樣，因為他見過大風大浪。剛從學校出來的小夥子不管多聰明，就是沒有經驗，所以說一定要在有積累的行業。

但是有的行業因為技術變化太快而很難有積累，你也許積累了很久，拼命挖了很深的護城河，人家可能不進攻這個城，繞了過去又建了新城。最明顯的就是高科技行業，電子、科技、媒體和通信技術更新換代太快了。再看空調跟電視，空調比較持續，電視就不持續，因為電視技術老是變，以前我們看的是 CRT 的，後來變成 DLP 的，後來又變成 LCD，接著是等離子，然後又變成 LED，現在又變成 3D。每兩三年就更新換代一次，這樣的企業很辛苦，要不要投資更新換代？如果不投，別人超過你，你的品牌就會受損，消費者也不買你的產品；如果投，投二十億元、三十億元甚至一百億元，只能做個兩年。技術變化快的行業就是這樣辛苦，而像可口可樂，一個配方可以一兩百年不變。中國也有很多傳統的東西可以幾百年不變，這種不變的東西，反而能夠有積累，長期回報更值得期待。

投資還要想好你要做什麼樣的投資者。你可以快進快出，因為A股的特點就是波動大，波動大的好處在於一部分眼明手快的人確實能夠賺取超額收益，但前提是你一定得找到比你更大的傻瓜。就像做交易，你賺一塊錢要有人虧一塊錢，是個零和博弈。另一種投資方式是個正和博弈，我們一起找一個企業，只要這個企業每年增長百分之

投資微論

通膨環境下買什麼股票好？：常見的答案是資產資源類股票，因為投資者可以直接受益於價格上漲。更好的答案也許是那些有定價權的公司：通膨時它們可以漲價，把成本壓力轉嫁給下游；通膨回落時，它們不必降價就享受更高的利潤率。這些公司包括食品飲料等品牌消費品和工程機械、核心汽配、白色家電等寡頭壟斷的高端製造業。

三十，買進去估值已經在底部了，那麼企業利潤這個蛋糕每年都會增加。這兩種方式都可以，一定要找到適合你個性的。投資的方法千奇百怪，不存在對和錯，適合你自己的才是最好的。

三個層次的悲觀

現在悲觀的人挺多的，其實悲觀有三個層次。**第一個層次的悲觀，是基於流動性和供求關係的悲觀**。認為不管是證券公司還是基金公司，都看不到新的資金入市，都是存量的資金在倒騰。新股發行又很快，投資者感覺供應不斷在增長，但是新的需求沒有看到增長。這是一種短期的悲觀，這種悲觀是可以被逐步改善的。政策的微調是一個緩慢的過程，我們可以密切關注相關指標，如銀行貸款的增速、央票是正投放還是正回購、外匯占款的變化、存款準備金率是不是下調、M1的指數等等。這些指標出現改善，有了新的流動性，市場就會有反彈。

第二個層次的悲觀，是對基本面的悲觀。現在看起來市盈率是十倍，但是利潤卻可能是頂峰利潤。這些悲觀的投資者認為現在經濟正在往下走，可能會下一個大的台階，而中國企業的淨資產收益率和淨利潤目前處在一個高點。這件事情需要一分為二地看，現在的經濟結構跟十年前的經濟結構是完全不一樣的，十年前大家都在打價格戰，沒有企業有定價權，而現在至少在我看來，很多行業那種群雄混戰的時代已經一去不復返了。現在連很多服裝企業都做出了品牌，要想做一個新的企業超越它們還是挺難的。那些擁有管道的企業，在中國已經有三千或者五千家店，而以前可能大家都只有幾十家店，這些企業擁有規模優勢，比如去央視做一個廣告，那些小企業就會感覺不划算。

時代不同了，淨利潤率提高是有原因的。以美國為例，將二〇〇〇年的情況與過去五十年相比後會發現，當時的淨利潤率位於五十年裡的最高點，又有安然、世通等一批公司在做假帳，因此當時有很多人認為，一九九九年美國標普 500 指數的利潤屬於高點，未來一段時期內很難被超越。當時利潤率位於歷史最高點，還出現了會計赤裸裸地造假的情況。實際上呢？幾年後標普 500 指數的利潤就超過了一九九九年的水準；二〇一一年金融危機剛過，淨利潤率又創了新高。隨著世界慢慢進入一種勝者為王、贏家通吃的年代，我們確實會發現一部分公司具有強大的定價權：能夠賣多少錢就賣多少錢，想收什麼費就收什麼費。

從投資者的角度來看，有霸王條款的公司就是好公司，因為這說明他有定價權。有的公司服務姿態很低，很辛苦卻賺不到錢，原因是競爭太激烈了。我們要找行業競爭不激烈、賺錢很容易的公司。這種行業和公司確實存在，但是不多，大概有五到十個行業有這樣的公司。長期來看，這樣的公司賺錢的概率大得多。

和巴菲特所說的找那種「傻子都能管」的公司類似，我一般都是看這個公司如果我去當CEO是不是可以管好，如果我也能管好，那就是「傻子都能管」的公司。如果傻子能管好我就買，這些因素決定了誰管都可以。許多大公司每年利潤幾百億元、幾千億元，但不見得是靠管理層的本事，誰都能做管理層的公司就是好公司。

很多人擔心頂峰利潤，我認為現在不一定是頂峰利潤。二〇一一年，特別是在下半年，已經有很多行業銷售出現了負增長。二〇一一年主要是銀行、「兩桶油」和央企做得比較好，很多民營企業已經創造不了頂峰利潤了。但是不用特別擔心頂峰利潤的原因就在於，有些行業的公司現在就有五倍、七倍、八倍的市盈率，即使現在是頂峰利潤，到谷底時利潤下跌一半，七倍頂峰利潤買入，到谷底利潤時估值也只有十四倍，這有什麼好害怕的呢？利潤跌一半的時候再買，肯定比現在好，但是如果利潤沒有出現下跌，怎麼辦呢？

這個世界是在不斷變化的，你要是靜止不動，就會被人家落在後面。有一定資產的人，必須不斷思考一個問題：我的財富以什麼樣的形式存在才最容易保值增值。過去十年，最好的形式無疑就是房地產，但是今後十年會是這樣子嗎？我看不一定。過去是一面後視鏡，有那種只漲不跌的資產，特別是大類的資產類別，週期經常是十年、二十年。如果一樣東西十年內漲得好，今後十年也可能不漲了。**過去十年是漲還是跌，跟今後會漲還是會跌，其實並不一定相關，關鍵是這個東西是不是物有所值**。比如說你作為一個企業主，想收購一家企業，如果一年能夠賺一千萬元，這個企業幾千萬元賣給你，你會願意嗎？如果是上市公司，一年一百億元的利潤，七百億元市值賣給你，這個公司占行業百分之五十市場份額，基本上沒有人能夠與其競爭，為什麼不買呢？

中國只有一兩個行業可以算是夕陽行業，其他大多數都是有增長的。在這樣的情況下，七倍、八倍、十倍市盈率有什麼好怕的？實際上，市場在五千點、六千點的時候大家都不害怕，現在二千點怕的人反而很多。其實，當大家都意識到這檔股票有風險的時候，這個風險就不大了。就像歐債危機，歐洲人都不急，我們急什麼呢？很多危機都是在來不及提防的情況下突然爆發的，而大家擔憂了很久的風險，反而不一定爆發。

很多風險爆發之後我們會覺得威脅很大，但那其實已經不是風險了。就像九一一事件之後沒有人敢坐飛機，我們公司還專門出了一個內部風控條款，要求同一架飛機上不允許同時坐兩個合夥人。我們公司一共有十個合夥人，如果一下死掉兩個，我們怕公司頂不住。結果呢？二〇〇一到二〇一一年是美國航空歷史上最安全的十年，基本上沒有飛機掉下來。對於同樣的事物，風險一旦爆發，之後的風險反而就會小很多了。

很多人做股票先滿倉，跌了、痛了的時候就清倉。其實，投資跟痛不痛沒關係，關鍵是看是否有投資價值，比如說從六千點買入，跌到四千點、四千五百點時你可能就已經痛了，那時你放下還可以躲避一點風險。但是，如果你在跌到二千點的時候作出清倉決定，可能就晚了。痛不痛跟你決定多少倉位不應該有關係，但是很多人就是亡羊補牢，羊跑了再把門關起來，跌了就砍倉。股市這隻「羊」跟傳統的羊是不一樣的，股市的「羊」進進出出，亡羊補牢有時候不一定是好事情。我不太建議投資者總是高歌猛進，也不要總是追漲殺跌，因為股市的「羊」是進進出出的。

我一直覺得一定要一分為二地看待投資的風險：一種風險是本金永久性喪失的風險，一百萬元投進去，之後損失了十萬元、二十萬元，再也不回來；還有一種是價格波動的風險，可能短期會跌但也會漲回來，波動的風險是投資者必須承擔的。本金喪失的風險屬於高風險低回報，因為本金喪失的風險越大，最後虧錢的概率就越大；而波動的風險屬於高風險高回報。整個二〇〇七年，除了年中的調整外一路在漲，五六千點的時候，股市價格波動風險不大，但是本金喪失的風險很大，那個時候是六十倍的市盈率，從六十倍跌到三十倍可能就永遠不會回去了。

我們知道價格等於市盈率乘以利潤，價格變化無非是兩種，一種是市盈率的變化，一種是利潤的變化。**所以永久性虧錢只有兩個原因，一個是市盈率的壓縮。**就像日本從原來七十倍市盈率跌到十五倍的市盈率，這是永久性的壓縮，美國、歐洲、中國香港的市盈率整體值都在八到二十二倍，中位數是十五倍，你如果在市盈率高的時候買，這錢有可能虧掉、回不來。**另一個是利潤在歷史高點的時候，夕陽行業就有本金永久性喪失的風險**。大多數公司的盈利是波動向上的，也就是我們所說的企業大多數是長遠看越來越賺錢的。

我認為現在市場價格波動的風險比較大，但是本金永久性喪失的風險不大。因為市盈率在十倍，我覺得是中國的低點。中國香港和美國的市場是在八到二十二倍波動，我覺得A股市場應該是在十到二十五倍波動，中位數是十七倍。我們的中位數應該能夠比其他國家市場的中位數稍微高一點，因為我們的增長確實比其他國家快了好幾倍，我認為我們在十七倍以下問題不大。在十倍買是不是最低點呢，不一定，也可能跌到八倍。如果不能承擔風險的話，一千點時你也不能買，就這麼簡單。

第三個層次的悲觀，是一種長期悲觀，是對中國經濟增長模式的悲觀。這種悲觀已經上升到了哲學層面，認為中國以投資和出口拉動經濟增長是不可持續的，在這個路易斯轉捩點出現以後，我們的競爭優勢就丟失

投資微論

市場情緒週期：恐懼是怎樣煉成的：1. 擔憂；2. 抵賴；3. 害怕；4. 絕望；5. 恐慌；6. 放棄；7. 麻木；8. 沮喪。

了，現在人工在漲，土地價格在漲，環保成本在漲，人民幣匯率也在漲，中國經濟從此就下一個大台階。

這個擔心有一定道理，但現在不是擔心的時候，一方面是因為現在股價已經把這些擔心體現得比較充分了；另一方面，與日本相比，日本的路易斯轉捩點是一九六〇年出現的，韓國是二十世紀七〇年代出現的，它們在轉捩點出現以後都還增長了三十年。我們碰到的問題，日本、韓國在發展的過程當中都或多或少地碰到過。當時日本人均GDP達到四五萬美元，韓國達到三萬美元，我覺得中國的人均GDP增長到八千、一萬美元問題不大。因為城鎮化、中西部大開發，包括製造業的產業升級與一部分的消費升級，體現出內需增長空間還是非常大的。

這種長期的擔心每次到週期底部都會出現，就像香港長期

投資微論

擊鼓傳花：為什麼人們願買長期收益並不高的垃圾股？這是幾種人性的弱點交叉作用的結果。過度自信：自信能在風向改變、垃圾落地之前掙到快錢，自信不會是最後一棒；標題效應：榜樣的力量是無窮的，曾聽說過某垃圾股如何在短時間內翻幾番；過度外推：已經三個漲停了，再來一個板好像也順理成章。

以來估值在八到二十二倍波動。有人說香港人為什麼這麼傻，為什麼不在八倍的時候買進來，二十二倍時候拋出去？其實香港有很多優秀的專業投資人，只是因為每次跌到八倍、九倍的時候就會有長期悲觀觀點出來，說金融海嘯、說「這次不同了」；到二十二倍的時候，又有長期樂觀觀點出來，說這個是「黃金十年」、是「港股直通車」，內地所有有錢人都來買港股啊。

做投資真正想賺到比別人更多的收益，就要保持一個判斷的獨立性。別人悲觀的時候也不一定就樂觀，但是要想想別人的悲觀有沒有理由，別人的悲觀是不是已經反映在股價中。現在的悲觀情緒大部分已經反映在股價中了，短期看，價格波動的風險永遠也沒有辦法避免，我們也不能夠肯定說十倍的市盈率不會跌到八倍。對於個人的資金，我認為現在買房子不是什麼好時機，買藝術品或者是其他東西不如買股票。但是也不要把全部資金都放在股票上，有一定比例就可以了。投資期限越長，能夠承擔風險、能夠放的比例就越大。

其實股市在大家越沒有信心、越悲觀的時候，越有可能是柳暗花明、峰迴路轉的時候。

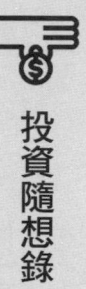

投資隨想錄

硬幣的兩面：機會與挑戰共存

基金難賣時，樂觀者說這是市場見底的信號，因為基金發行常是反向指標，六千點時一天發數百億元，一千六百點時無人問津。悲觀者說這是市場疲弱的信號，因為市場缺乏新增資金入市，而股票供給不斷增加，明顯供大於求。**同一件事，看多者和看空者往往做截然不同的解釋——你看到的是你想看到的。**

看空地產股的人有兩種，一種認為房價會上漲，因此政策不會放鬆，所以地產股不能買；另一種認為房價會下跌，房地產股的資產淨值和盈利會下降，所以地產股不能買。**持同一種觀點的人，其依據和邏輯往往是截然不同的——你證明的是你想證明的。**

牛市裡，上市公司再融資是利好，因為許多人認為企業會有釋放業績的動力。熊市裡，再融資是利空，因為大家都擔心股票供給的增加和增發對利潤的攤薄。牛市裡所有消息都是好消息；熊市裡所有消息都是壞消息。**同一消息，在不同的市場環境下常有不同的解讀——你聽到的是你想聽到的。**

兩個賣鞋的人到了光腳島，悲觀者說，這裡人不穿鞋，賣鞋根本沒市場；樂觀者說，這裡人沒鞋穿，賣鞋市場巨大。短期看來，悲觀者是對的，因為短期內要改變島民的穿鞋習慣是很難的；長期看來，樂觀者是對的，因為島民遲早會認識到穿鞋比光腳舒服。**同一事情兩種解讀，往往是考慮的時間跨度不同。**

遛狗理論：你聽過市場先生嗎？

有人說過，股市中價值和價格的關係，就像遛狗時人和狗的關係。價格有時高於價值，有時低於價值，但遲早會回歸價值；就像遛狗時狗有時跑在人前，有時跑在人後，但一般不會離人太遠。遛狗時人通常緩步向前，而狗忽左忽右、東走西竄，正如股價的波動常常遠大於基本面的波動。

趨勢投資者喜歡追著狗（價格）跑；價值投資者喜歡跟著人（價值）走，耐心等狗跑累了回到主人身邊。有時候，狗跑離主人的距離之遠、時間之長會超出你能忍受的範圍，讓你懷疑繩索是否斷了。其實，繩索只是有時比你想像的長，但從來不會斷。

上證指數又回到了十年前的水準，引發眾多感慨。其實，雖然狗又跑回了原位，但是人在這十年裡卻在不斷前進。十年前，狗遠遠地跑在人的前面（五十倍市盈率）；如今，狗遠遠地落在了人的後面（十一倍市盈率）——這條狗有個很洋氣的名字，叫 Mr.Market（市場先生）。

個例與規律：投資不是賭博也不會是僥倖

所有的社會學規律都有反例，股市中更是如此。股市中的任何規律、方法只能提高你的成功率，沒有百戰百勝的靈丹妙藥。我說吸煙有害身體健康，你說你三舅公是個大煙槍但活了九十九歲；我說低估值價值股平均跑贏高估值成長股，你說你買的那個一百倍市盈率成長股已經漲五倍了。我說的是規律，你說的是個例。我們兩個都對，只是我對得更有代表性一些。

老虎基金（Tiger Fund）的朱利安．羅伯遜（Julian Robertson）說過，他曾經只喜歡買低估值的價值股，直到招了幾個天才研究員之後才開始喜歡成長股，因為這些天才研究員能夠有預見性地把成長行業裡的最終贏家在萌芽期發掘出來。的確，最大的牛股有不少是成長股，但個例不代表規律。能消化高估值的高成長其實並不多見，有眼光事前預知高成長的天才研究員更是鳳毛麟角。

百事可樂在困境時曾想低價賣給可口可樂，遭到了拒絕；騰訊曾想開價一百萬元把QQ賣給新浪，也遭到了拒絕；微軟和戴爾在十年前都曾高調宣佈蘋果是個垂死的企業。連業內巨頭都不能預知與其休戚相關的競爭對手的未來高成長，我等凡夫俗子又如何能夠預測那些只調查研究過幾次的所謂成長企業的未來？這裡所舉的百事可樂、騰訊、蘋果的確是個例，但是這些個例是有代表性的，因為這些個例說明「沒有人能夠預知未來」是個不爭的規律。

我們稱頌華佗、扁鵲無人能學的醫術（個例），西醫強調的是雙盲法的臨床實驗（規律）；我們期盼斷案如神的包青天（個例），西方依靠的是強調證據和程式的法制（規律）；我們喜歡把人拔高為神（個例），希臘的神卻像人一樣也會嫉妒、偷情和吵架（規律）。西方文化重規律，中國文化重個例。中國的股市之所以賭性特強，原因之一就是儘管投機炒作平均而言是個多數人虧錢的遊戲（規律），但是少數一夜暴富的故事（個例），還是吸引著許多心存僥倖的投機客前赴後繼地屢敗屢戰。

榜樣的力量是無窮的，但模仿他們的行為不保證有他們的結果，就像你穿和喬丹（Michael Jordan）一樣大的鞋子並不能提高你的籃球水準。規律是可重複的，而個例是難以複製的，這就是二者的最大區別。比爾．蓋茲（Bill Gates）、史蒂夫．賈伯斯（Steve Jobs）、馬克．祖克柏（Mark Zuckerberg）等許多富豪是中途輟學者，但中途輟學者的平均收入遠不及大學畢業生。同理，有些超級大牛股是高估值股票，但高估值股票的平均回報率在世界各國都遠不如低估值股票。前者是個例，後者是規律。個例令人景仰，但往往難以複製，順著規律選股才能提高成功率。

伯樂在教人相馬時，對他喜歡的人就教如何相普通的好馬，對他厭惡的人就教如何相千里馬。為什麼呢？普通馬常有，如何相馬有規律，容易學；千里馬不常有，是不拘一格的個例，難學，且常常無用武之地。傳說中的「十倍股」成長股就像千里馬一樣可遇而不可求，還是腳踏實地找些價值股，也就是「普通好馬」靠譜些。

成長股中有大牛股是個例，價值股平均跑贏成長股是規律。**不為精彩絕倫的牛股傾倒，不被紛繁複雜的個例迷惑，不抱僥倖心理，不賭小概率事件，堅持按規律投資，這是投資紀律的一種體現，也是投資成功的必要條件。**

第二部分
投資方法

簡潔不是把雜亂無章的東西變少或拿掉，
而是要挖掘複雜性的深度。
你必須深刻地把握精髓，
從而判斷出哪些不重要的部分是可以拿掉的。
——強尼・艾夫（Sir Jonathan Paul Ive, Jony Ive）

04

投資的三個基本問題：為什麼便宜？為什麼好？為什麼現在買？

股票有兩種，一種是冰棒，又小又甜，常出現在遊客最多的地方，招人喜歡、受人追捧，但是自身價值卻總在不斷地溶化消亡；另一種是古董，表面上又舊又老，深埋土中、少人關注，要耗費功夫挖掘，但自身價值總在不斷地增值。投資古董股要當心別買得太早，投機冰棒股要當心別賣得太遲。

投資一點通

+ **醫改**：醫藥行業的特點是消費者（患者）、消費決定者（醫院／醫生）和消費支付者（政府／醫保）三者的分離。以藥養醫模式促成了藥價虛高和「大處方」，醫改推進統一招標和按病種支付，就是把部分決定權從消費決定者手中轉移到消費支付者手中，從而實現對藥價和藥量的控制。醫改是由消費支付者推行的，在投入有限的條件下，擴大覆蓋面的前提是降價和控量，因此各國的醫改對普藥都是利空。

+ **醫藥股**：醫藥是個能出長期大牛股的行業，但是切忌以板塊配置的思路去投資，因為醫藥股之間的差異性實在太大。有時有些個股洪水滔天，而其他個股依舊歌舞昇平，是個自下而上精選個股的行業。A股市場中，醫藥股中魚龍混雜，機會和陷阱並存，但是在二〇一四年年初的估值條件下，陷阱多過機會。

如果把我過去十幾年的投資分析方法做一個簡單的概括，最根本的就是要回答三個問題：**為什麼認為一家公司便宜，為什麼認為一家公司好，以及為什麼要現在買**。這三個問題中，第一個是估值的問題，第二個是公司品質的問題，第三個是買賣時機的問題。

問題一：估值

估值可以說是最容易把握的。一個股票便宜不便宜一目了然，看看市盈率、股價淨值比、市銷率、企業估值倍數等一系列指標，這一部分是最接近科學，而且是最容易學的。

一個東西只要足夠便宜，賺錢的概率就會高得多。我一直喜歡引用沃爾瑪的山姆・沃爾頓說的：「只有買得便宜才能賣得便宜」。他用這個理念來經營零售業，獲得了巨大的成功。我認為買得便宜，在投資領域要比零售領域更重要。

現在很多人會說估值不重要，因為根據二〇一三年的行情，五倍市盈率的漲不過五十倍市盈率的，談估值就輸在起跑線上了。這種情況很正常，每幾年就會發生一次。但即使是最正確的投資方法，也不可能每年都有效。所謂正確的方法，是在十年中可以有六到七年幫助你跑贏市場；而錯誤的方法，就是在十年中只能有三到四年能跑贏市場。如果你想每年都跑贏市場，就必須不停地在不同的方法之間切換。但是，要事前知道什麼時候適用哪一種方法，其實是非常難的。還不如找到一種正確的方法，長期地堅持下來，這樣一來，即使短期會有業績落後的階段，但是長期成功的概率較大。世界上每個成功的投資家都是長期堅持一種方法，那些不斷變換投資方法的人，最終大多一事無成。

世界上不存在每年都有效的投資方法。一個投資方法能長期有效，正是因為它不是每一年都有效。如果一種投資方法每年都有效，這個投資方法早就被別人套利套光了。正如喬爾．葛林布萊特（Joel Greenblatt）所說，第一，價值投資是有效的；第二，價值投資不是每年都有效；第二點是第一點的保證。正因為價值投資不是每年都有效，所以它是長期有效的。如果它每年都有效，未來就不可能繼續有效。聽起來像是個悖論，但事實就是這麼簡單。在資本市場，如果有一種穩賺的方法，就一定會被套利掉。正因為有波動性，才保證不會被套利。

在建立研究方法之前，必須區分清楚「賭贏了」和「賭對了」是兩回事。很多人以短期結果來倒推過程的正確性。在股市中，短期來說，正確的過程可能給你帶來糟糕的結果，錯誤的過程可能給你帶來不錯的結果。如果要讓過程正確和結果正確達成一致，就必須經歷很長的時間。一種正確的過程和方法，能夠以較大概率保證你在五到十年中取得一個不錯的結果；但在六個月甚至一兩年的時間範圍內，有時候你用一種正確的方法做，可能不一定有好的結果。

投資分析的基本工具

在投資分析中，簡單的往往是實用的。我的投資理念很簡單：在好行業中挑選好公司，然後等待好價格出現時買入。與之相對應的投資分析工具也同樣簡單。

1 波特五力分析

不要孤立地看待一檔股票，而要把一個公司放到行業的上下游產業鏈和行業競爭格局的大背景中分析，重點搞清三個問題：公司對上下游的議價權、與競爭對手的比較優勢、行業對潛在進入者的門檻。

2 杜邦分析

弄清公司過去五年究竟是靠什麼模式賺錢的（高利潤、高周轉還是高槓桿），然後看公司戰略規劃、團隊背景和管理執行力等，是否與其商業模式一致。例如，高利潤模式的看其廣告投入、研發投入、產品定位、差異化行銷是否合理有效；高周轉模式的看其運營管理能力、管道管控能力、成本控制能力等是否具備；高槓桿模式的看其風險控制能力、融資成本高低等。

3 估值分析

透過同業橫比和歷史縱比，加上市值與未來成長空間比，在顯著低估時買入。

這「三板斧」分別解決的是好行業、好公司和好價格的問題，挑出來的「三好學生」就是值得長期持有的好股票了。

「下一個偉大公司」不是想找就能找到的

很多人會講，買便宜貨這種方法是撿煙屁股，是「煙蒂投資」。巴菲特也說過，寧可用合理價格買一個偉大的公司，也不要以很低的價格買一個一般公司。這句話我是完全認同的，但是在實踐中我做不來。為什麼呢？你認為中國有多少家公司可以被稱為「偉大的公司」？市場整天在炒的這些五十倍市盈率的公司，都說會是「下一個偉大公司」，又有幾個真的能兌現？我認為彼得・林區（Peter Lynch）說得對，他說當有人告訴你「A公司是下一個B公司」的時候，第一要把A賣掉，第二要把B也賣掉。因為第一，A永遠不會成為B；第二，B已經被當作成功的代名詞，說明它的優點可能已經體現在現在的股價中了。

如果你確實擁有巴菲特的眼光，在某家公司被人們廣泛認為偉大之前發現它的偉大，那麼你的超額收益肯定是很明顯的。但是偉大的公司不是這麼容易被發現的，很多大家曾經認為偉大的公司，後來發現並不偉大，或者已經「偉大」過了。

二〇〇〇年納斯達克泡沫達到高峰之後，很多被認為是「劃時代的」、「顛覆性的」、「最偉大的」公司都破產或者衰敗了。那幾百個後來破產的網路企業就更不必提了，即使如微軟和英特爾那樣當時確實是偉大的公司，占有百分之七十到百分之八十的市場份額，有十多年利潤穩定地增長；但是在二〇〇〇年之後，這兩個公司的股價表現就長期不盡如人意了。二〇〇〇年大家都知道微軟和英特爾是偉大的公司，但那之後它們已經沒有超額收益了。

近年來，我問過許多基金經理一個問題：你認為哪個公司是最偉大的公司？大家公認偉大的那個公司，其實很可能已經不那麼偉大了。你一定要在大家之前認識到這家公司的偉大，這其實是很難的。便宜不便宜我可以判斷得出來，但對於偉大不偉大，我覺得真正能夠判斷的人不多。因為中國大多數公司的商業模式都挺一般的，我們在國際分工中分到了一個相對吃力不討好的環節，那些創新、有定價權、有品牌的公司，在A股中相對較少。

有些東西是需要時間積累的，不是你想轉型就能轉型的。像美國在一百多年以前就已經是世界經濟第一大強國了，但在品牌，特別是奢侈品品牌上，美國也就只有蒂芙尼、凱迪拉克等有限幾個。超高端品牌有很多是歐洲人創建的，因為很多東西都講傳承、講路徑依賴，不是你想做就能做得到。我認為中國二千五百家上市公司中，偉大的公司肯定只占了個位數。A股二千五百家公司中有二千家是垃圾公司，剩下的五百家可能有四百家是普通公司，一百家可以算是優秀公司，而在這一百家當中大概有十家是偉大公司。在這種情況下，你覺得自己有能力把這十個左右的偉大公司找出來嗎？如果可以找出來，你就可以不重視估值。在絕大多數公司只是普通公司的前提下，你必須強調估值。

一九九九年美國股市泡沫破裂的經歷

我於一九九九年加入美國一家很堅定的價值投資公司，當時公司業績很差，並且已經持續差了好幾年（當時科技股泡沫已經持續好幾年了）；我們工作起來非常難受，因為客戶跑了三分之一，合夥人們甚至有把公司賣給別人的想法。儘管如此我們還是堅持下來了，沒有改變自己價值

投資微論

一將 vs. 萬骨：很多人不惜以高市盈率買「高小新」（高成長、小市值、新興行業），夢想押中下一個騰訊、百度。這其實是過度自信的一種表現，低估了預測未來的難度。在新興行業裡，百舸爭流，大浪淘沙，最後鹿死誰手，事前是很難預料的。一將功成萬骨枯，多數人只看到功成的一將，卻忽視枯了的萬骨。

投資的風格。泡沫破滅之後的五年，我們公司的業績極其優異，除了把之前落後的部分全部追回來之外，還創造了很好的超額收益。公司成立近三十年來的累計業績，在同業中處於上游，依靠的就是堅定地尋找「便宜貨」的方法。那六年的經歷，對於正在形成投資理念的我觸動很深。

當時，我們有很多競爭對手在一九九九年的時候沒有扛住，放棄了價值投資，開始去追高科技成長股。二〇〇〇年泡沫破滅的時候兩邊挨了巴掌，客戶徹底放棄他們，因為機構客戶最不能忍受的就是基金經理的風格飄移。相比之下，我們當時承受較大的客戶贖回額，資產從三十億美元跌到二十億美元，但是當五年之後我成為合夥人時，資產已經回到了六十億美元，而那些沒能堅持住的競爭對手們都還在苦苦掙扎。

有時候你需要的就是最後一口氣，二〇一三年做價值投資有很多人感到很難受，這很正常。我認為A股二〇一三年的行情和二〇一〇年有些像，但是風格差異的幅度要比二〇一〇年大。二〇一〇年，我們還可以在低估值、競爭格局好的傳統行業中，找到一些有核心競爭力的牛股。但二〇一三年的行情就很集中，就是TMT、醫藥、環保、軍工這幾個板塊內要是沒有，其他板塊也很難賺到錢。

但是，二〇一三年的分化程度，還是不如一九九九年納斯達克泡沫時的狀況。巴菲特當時就做得很差，不過他用的是自己保險公司的錢，所以熬過來一點問題都沒有。

最難受的是老虎基金，羅伯遜清盤的時間是二〇〇〇年二月，納斯達克於二〇〇〇年三月十日見頂——他在最痛苦的時候清盤了。在當時給投資者的那封信中，他認為市場無比瘋狂，相信自己最後一定是對的，但是他感覺短期內根本不會有糾偏的可能。

索羅斯的處境位於兩人之間。索羅斯自己很堅定地沒有去做這些事，但他的首席投資官史丹利・卓肯米勒（Stanley Druckenmiller）買了一堆網路股。很多時候索羅斯能夠在轉捩點處做逆向交易，二〇〇〇年四月份納斯達克泡沫一破滅，他馬上把網路股全部砍出去，然後炒掉了卓肯米勒——索羅斯的糾錯功能是無比強大的。

索羅斯不是個簡單的趨勢投資者，他最厲害的是轉捩點投資，他可以在事前把轉捩點看得非常清晰。二〇〇九年年底我曾去他們公司訪問，給我留下深刻印象的是他們的交易員當時很強調一個概念——最擁擠的交易。

二〇〇九年年底，美國經濟已經開始復甦，當時市場的共識是，量化寬鬆違反了所有的經濟學常識。美國現在之所以陷入這種困境，是因為之前印了太多的錢，貨幣太寬鬆。但美國的解決辦法居然是印更多的貨幣，然後把利率降到更低，這不是火上澆油嗎？所以當時大家對美元非常看空。但量子基金當時觀察的結果是，三大最擁擠的交易一是看空美元看多人民幣，二是看空美元看多台幣，三是看空美元看多韓幣。當時是二〇〇九年的第四季度，美元指數大概七十一，索羅斯於是做了反向交易，之後半年賺了一大筆錢。

每個人都有自己的投資風格。在一九九九年市場嚴重分化的時候，三位投資大師——老虎基金的羅伯遜、量子基金的索羅斯和巴菲特（應該說是當時看來之前三十年美國做得最好的三個基金經理），都有不同的困境和應對方式。

講這些案例是為了說明，二〇一三年時很多人又有了幾年前的想法，認為價值投資在A股是沒有用的。但我想講一句，便宜是硬道理。對大多數像我這樣的凡夫俗子，投資還是要考慮估值。如果你認為有像巴菲特、索羅斯這種能力和水準，就可以不用考慮估值。索羅斯從來不考慮估值，巴菲特對估值考慮得不算太多。巴菲特在一九七〇年以前自己做對沖基金的時候，基本上採用的是葛拉漢 (Benjamin Graham) 的辦法，對估值考慮得多；但之後受了菲力浦斯和蒙格的影響，越來越重視公司的品質。

不要為普通公司付太貴的價錢

投資肯定是講 C P 值，但我認為A股很難找到高品質的偉大公司，所以一定不要為普通公司付太貴的價錢。隨著時間的推移，A股所謂的成長股，十個有九個會被證明是偽成長。上市公司主動來和你溝通時，都是有目的，有些甚至是沒安好心的，所以不要被上市公司講的「美好未來」唬弄了，一定要看現在看得見摸得著的利潤、現金流和資產。

在估值、品質、時機這三點中，其實我對時機把握得很差，我選時經常不對，但是我能夠堅持不付過高的估值，不買過貴的股票。哪怕是一個普通的公司，只要足夠便宜，長遠看問題都是不大的。

我的第一份工作是給公司的創辦人兼首席投資官做助手，他是一個很堅定的價值投資者，對投資分析得很細。現在很多人講中國許多傳統行業不能買，但是只要你仔細分析，哪怕是垃圾也是有價值的。你只要以二分之一的價格買，也可以翻一倍。

舉一個最典型的例子，美國鋼鐵（US Steel，股票代碼是X）是美國最老的鋼鐵公司、最夕陽的行業。美國的鋼鐵產量在一九七三年就見頂了，已經夕陽幾十年。二〇〇二年它的兩倍市盈率在許多人看來已是坐著等死。但是從二〇〇三年到二〇〇八年中期，這檔股票翻了二十倍，而且上漲期持續六年之久。當然，二〇〇八年下半年它又被打回原形。

股票的回報並不取決於它未來增長是快還是慢，而是取決於未來增長比當前股價反映的增長預期更快還是更慢。這裡有股價是否已經反映了所有的好消息或者壞消息的問題。

條條大路通羅馬，不存在誰好誰壞，我只是更重視統計資料。你可以看看全世界的統計資料，十個國家中有九個國家是價值股跑贏成長股的，而且跑贏是在什麼時候呢？就是在季報公佈後的那兩三天。比如價值股一年能夠跑贏成長股七個百分點，在美國這七個百分點基本就在八個交易日內實現百分之七十——就在每次季報公佈之後的兩天。這說明在季報公佈出來的業績中，成長股很容易低於預期，而價值股很容易超出預期，因為未來不會有樂觀者想像的那麼好，也不會有悲觀者想像的那麼差。成長股的成長比價值股快，但沒有大家預期的那麼快。

但是，二〇一三年的A股好像不存在股價是否反映了所有消息的問題。你會發現只要概念好，再貴也有人買；概念不好的時候，再便宜都沒有人買。銀行股六倍市盈率的時候，大家覺得很便宜，但估值可以下降到四倍市盈率。當然這期間價格沒有跌這麼多，很多是利潤增長帶來的估值不斷下降。A股這一點反而給了價值投資人一個非常好的機會。

在美國做價值投資，有時不得不買一些品質一般的公司，因為價值投資總是要買低估值的東西。而美國是一個定價相對合理的國家，所以你買的那些低估值的東西，在某些人看來真的就是一堆垃圾，例如鋼鐵、製造業。美國的製造業是很夕陽的，因為它已經被整個掏空，搬到中國來了。但是事實證明，在美國，低估值的「垃圾」公司的長期回報率，顯著地高於那些外表光鮮亮麗的高估值「成長股」。這個現象在韓國也是一樣的。

二〇〇三到二〇一三年這十年，應該算是中國成長最快的十年，之後十年的成長肯定沒有過去十年快。但看看二〇〇三到二〇一三年，有多少股票可以實現每年百分之三十的複合利潤增長？你可以自己算一下，真的不多。根據美國的統計，真正可以算作成長股的，大概二十支中有一支。很多人說美國小股票也跑贏大股票，但其實是低估值的小股票跑贏了大股票，高估值的小股票是最差的資產類別，因為它們的業績總是不斷地低於預期，十家小股票中可能只有一家能夠成功。在世界各國，小股票的估值一般低於或接近大股票的估值，只有在A股中，小股票的估值是大股票的好幾倍。二〇一三年創新板的估值是主機板的六倍，這不是一個正常現象，時間會證明這是不可持續的。

我很喜歡讀成功投資人的傳記，也很喜歡和中國傑出的投資者交流學習，思考這些人為什麼成功。巴菲特來中國做投資大獲成功：中石油賺了八倍，比亞迪現在的價格比當初的成本高出好幾倍。安東尼．波頓（Anthony Bolton）在歐洲做了三十年，平均年度回報率是百分之二十點三，這個長期業績和巴菲特差不多。

安東尼．波頓是我最尊敬的投資人之一，但為什麼他到中國來投資的業績不理想？關鍵在於安東尼．波頓喜歡做小股票，巴菲特喜歡做行業龍頭，而中國小股票騙子的比例遠高於歐洲，波頓最後才發現管理層和他的溝通不誠信。因為安東尼．波頓採用和彼得．林區一樣的「翻石頭」方法——不斷地調查研究。安東尼．波頓一年大約調查研究七百家公司，寫下了幾十大本的調查研究筆記。在這種「翻石頭」的方法中，你翻一百塊石頭，可能就會有一塊底下有寶貝。安東尼・波頓到了中國就拼命地翻石頭，但他翻的是小石頭，而中國的小石頭後面很多都是騙子，於是業績就不理想了。

問題二：品質

品質肯定是更重要的，那我為什麼反覆強調「便宜是硬道理」？這是因為估值方法容易，每個人都可以學。便宜不便宜大多數人都能夠判斷，因此關鍵的區別在於搞清楚公司的品質。關於時機，我不能夠判斷，但是絕大多數人也不能夠判斷。

所以說，三個要素中，投資者真正需要下大力氣搞清楚的就是品質。

投資微論

關於估值的幾句話：便宜是硬道理。買便宜貨不一定賺錢，但賺錢的概率較大。買便宜貨往往先被套，最終賺錢。即使如醫藥、科技、媒體、通信之類的成長行業，估值也是重要考量因素。有些行業，如何界定「便宜」並非易事，低市盈率、低股價淨值比不一定是便宜。

我們很多賣方報告過多地關注動態的資訊，而對公司靜態的資訊分析得不夠。靜態的資訊是什麼呢？最簡單的就是先回答一個問題：這個公司做的是不是一門好生意？好生意就是容易賺錢的生意。比如茅台，這個公司的商業模式很簡單，哪怕被政府打壓一樣能賺錢，只是增速下來了。你說茅台的管理層一定比鋼鐵公司的管理層高明很多嗎？那也很難說。所以說，馬和騎師，選馬比選騎師重要。特別是對大公司而言，這是一匹怎樣的馬比這是一個怎樣的騎師更重要。特別是在中國這種環境中，你很難判斷騎師的好壞。可能資深的研究員、基金經理能夠和高階主管溝通得多一些，但大多數人可能和高階主管都見不了幾次面。而且就算見到了高階主管，你有精力了解他們的中層管理人員嗎？

當然，對中小型企業來說，管理層的重要性不容忽視。中國有很多小企業，看起來像是偉大的企業，但是發展到一定程度就發展不下去了，因為它受限於董事長、大股東個人的素質和境界。很多中國的上市企業在成長到一百億元、一百五十億元以後上不去，是因為管理層沒有足夠的眼光和胸襟。公司在不同的階段，它的品質看點是不一樣的。小公司當然是騎師更重要，大公司就是機制和文化更重要。所以，是選騎師、選馬還是選賽道，要看公司處於哪個發展階段。

品質的判斷 1：是不是一個好行業

對於品質的判斷，我的辦法比較簡單。我更重視行業分析，而不是個股分析。**我認為選一個好行業是成功投資的基本條件。**你會發現有一些很好的管理層、很好的公司存在於爛行業中，最終也沒戲。我幾年前調查研究過幾個鋼鐵公司，裡面有的管理層很好、產品線很好、技術也很先進，但可惜在中國鋼鐵這麼一個爛行業裡，再好的管理層也無用武之地。這是行業格局使然，所謂格局決定結局。中國的鋼鐵行業要比美國分散得多，美國鋼鐵行業最後只剩下三四家在玩了，中國鋼鐵行業還有幾十家，競爭過於激烈。我很重視行業的競爭格局，行業裡一旦玩的人多了，日子就難過；玩的人不多，日子就不會差到哪裡去。

當然這個不包括一些「中字頭」的央企，它們的壟斷是國家給的。國家授予的壟斷，意味著它的定價權受到政策限制。我們並不喜歡壟斷本身，我們喜歡的是壟斷帶來的定價權，所以定價權受限制的壟斷沒有意義。

公司的品質好壞，關鍵是看能不能具有定價權。並不是說消費品就好，投資品就不好，關鍵還是在於有沒有定價權。消費品更能有定價權，是因為消費品是差異化產品，而且下游是分散的客戶，公司的議價權更大；投資品的定價權更有限，是因為它們經常是無差異的同質化產品，下游客戶更集中，因此公司的議價權更有限。

我特別重視行業格局的變化，因為行業競爭者的增加往往會把行業帶入死胡同。美國的次貸危機是怎麼搞出來的？其實根源是在一九九九年，《格拉斯—斯蒂格爾法案》（Glass-Steagall Act）被廢除。當時為了使花旗順利買下旅行家和所羅門兄弟公司，花旗的CEO桑迪．威爾（Sanford Weill）去遊說國會廢除大蕭條時期制定的《格拉斯—斯蒂格爾法案》。廢除之後，美國的商業銀行就大舉進入了投資銀行業。商業銀行在進入投資銀行業後具有資本優勢和客戶優勢，投資銀行業的行業格局於是發生了變化：原來只有五家大投行在玩，現在是十家在玩。原有的五家為了維持自己的利潤增長，就只好搞創新，最後搞出了次貸危機。

公司品質很大程度上在於行業格局是否良性、行業競爭是否激烈。所以每次我調查研究公司，都會問高階主管幾個問題：你對你的競爭對手怎麼看？最近競爭對手有沒有什麼做法讓你特別難受？你最近有沒有什麼做法讓你的競爭對手感到難受？比如去調查研究裝修行業，會發現過去兩三年他們彼此不講壞話，說明這個行業的競爭格局還不夠激烈。但是看有的行業，兩家龍頭公司在微博、報紙上對罵，說明了行業格局的惡化。行業競爭太激烈，誰都賺不到錢。

對政府扶持的新興行業為什麼要謹慎

我為什麼不太喜歡政府支持的新興行業？因為政府的支持其實是增加了供應，增加了行業的競爭對手。比如風電和光伏，二〇一〇年一扶持，立馬全國遍地開花，才兩三年時間，馬上供應過多、產能過剩。LED是一項很好的技術，它的需求確實上來了，技術也是可以的，也節能環保，但是最後大家都沒有賺到錢。為什麼呢？行業格局太分散了。前幾年很多地方都是上一台MOCVD，地方政府就補貼一千五百萬元，這種補貼讓企業在技術不成熟的時候就把產能攤子鋪起來了，結果一定是產能過剩和惡性競爭。而且這種補貼還有一個不好的地方，就是都有地方保護主義，比如很多地方招標電動的公車，就要求公司在當地採購，有的甚至連電池材料都要求當地採購。政府的扶持加上地方保護主義，反而阻礙了全國統一市場的形成。

我其實特別怕這種政府鼓勵的行業，因為政府的基因和創新的基因往往格格不入。矽谷的蘋果、Facebook、谷歌……沒有哪家是政府扶持出來的。中國如果在十幾年前就把網路定位成國家大力扶持的戰略產業，今天的網路可能就是國有企業的天下，中國也就出不了百度、阿里、騰訊這些偉大的公司了。

一個行業一旦受到政府扶持，衝破各種桎梏的希望就不大，所以我一直對政府扶持的行業保持謹慎。政府對扶持的物件往往選擇有誤，中央政府沒有精力和能力去管得這麼細，各地方政府則傾向於各自扶持當地的企業，終致產能過剩、價格競爭。最後，資金都耗費光了，就沒有錢搞研發了。沒有錢搞研發，就競爭不過國外，而創新行業是以研發和創新為基礎的，打價格戰沒有贏家。

電動車最後成功的是特斯拉（Tesla），而且它的技術路線和二〇一〇年熱炒的那些技術路線，都是不一樣的，它的技術路線是幾千塊小電池並聯在一起。當時市場炒作新能源，每個人都說自己是比亞迪的供應商，後來調查研究結果顯示，只有賣包子的老阿婆沒有撒謊——她真的為比亞迪食堂提供早餐的肉包子，比亞迪根本就沒有向當時大家熱炒的那些A股廠商採購過。如何判斷公司的品質？首先是看行業的格局，不要有太多人做，做的人多了，競爭自然就激烈了。銀行之所以好賺錢，就是因為雖然中國有大大小小兩三千家銀行，但全國性的銀行沒有多少家，主要的市場份額都在上市的這十幾家銀行手裡。

品質的判斷2：差異化競爭

對品質的判斷，第二個要注意的是差異化競爭和同質化競爭的區別。為什麼鋼鐵業賺不到錢？因為提供的是同質化產品。為什麼航空業在國外長期賺不到錢（在國內可以賺錢，因

投資微論

政府扶持：政府今天扶持這個、明天打壓那個，但有些行業越打壓越賺錢，有些行業越扶持越虧錢。不是因為政府的力度不夠，而是因為有些經濟規律是不以人的意志為轉移的。扶持其實是鼓勵更多的人進入行業而加劇競爭，打壓卻限制了新增供給，反而改善競爭格局，並且讓行業龍頭做大。

為大的只有三家，而美國有多家）？因為提供的基本上是無差別產品（當然細究之下還是有一些差別，例如航空公司的歷史安全紀錄、機型等）。為什麼白酒好賺錢？因為它是一個差異化的產品；可口可樂好賺錢，也因為它是一個差異化產品。**差異化的第一個標誌是品牌。**

品牌也要進行區分，有的品牌只有知名度，沒有美譽度。中國有很多品牌，但真正有美譽度的品牌不多。一個品牌的產品如果是用來請客送禮的就特別好，因為有個面子問題。請客送禮的東西是越貴越買的，在家裡自己用的東西就不是越貴越買的。最近服裝股和家紡股跌得一樣慘，但其實服裝還是比家用紡織品（以下稱家紡）要好。當然家紡的格局比服裝好，家紡就只有三家慢慢脫穎而出了，服裝競爭更激烈。但是，服裝是穿在外面的，有個品牌、有個小logo，消費者就會覺著物有所值。請客送禮或者在外面可以炫耀的產品更有定價權。所以說，差異化、定價權的一個來源是品牌，而且最好是請客送禮的品牌。

差異化的第二個標誌是有回頭客，即用戶黏度高。少量多次的購買是最好的。我不太喜歡靠大訂單的企業，今年有大訂單，可能明年後年就沒有了。

差異化的第三個標誌是單價不要太高。單價高的商品，消費者對價格較敏感；相反，單價低是個優勢，賣家容易有定價權。比如口香糖，因為單價低，消費者對價格差異不敏感，它的定價權就比汽車定價權要高。汽車的品牌還是有一點用的，同樣品質的車，如果有品牌，會賣得貴一點。但它不是決定性的，因為汽車是大宗商品，大家買的時候會慎重，會考慮CP值。全世界市值最高的汽車公司是豐田，而不是寶馬和賓士。可以看到，雖然寶馬賣得貴得多，但是曾有很長的一段時間，豐田的淨利潤率超過寶馬，說明汽車業更多是靠規模效應和精細化管理，寶馬的品牌溢價還不足以帶來比豐田更高的利潤率。

差異化的第四個標誌是轉換成本。比如軟體，前陣子公司技術部門建議我換一個大螢幕下面帶兩個小螢幕的新電腦，我沒同意，一方面是因為我不願意有更多螢幕來關注短期的股價波動，但更重要的一方面是時間上的轉換成本。如果更換醫療使用的設備或耗材，醫生就需要時間去適應新的產品，轉換成本就會高一些。轉換成本高的產品使用者黏性高，定價權就高。

差異化的關鍵在於能不能漲價，漲價之後是不是影響銷售。我最近在研究一個小的快速消費品公司，十幾倍市盈率，市值也不大，全中國只有四家，市場占有率大概百分之九十。

品牌可以，還控制了一些上游資源。但二〇一三年它試著提了百分之十三的價，隨後需求一下子跌了百分之二十，於是它又趕緊把價格降回來。這說明它現在不具有定價權。

差異化的第五個標誌是服務網路。工程機械在全世界每個國家都只有一到三家，都是贏家通吃，很重要的一點就在於服務網路。比如要是一輛泵車壞了，工地停工一天就要浪費幾十萬元的成本，所以必須要在幾小時之內修好，修不好的話就要趕快拉一台新的來換。這種情況下服務網路就很重要，規模效應就很明顯，龍頭企業在服務布點上的優勢就讓後來者很難趕超。

產品的銷售半徑小，也是一個優勢。比如水泥就比鋼鐵好，大家都是無差異產品，但水泥可以在某個城市占分之八十的市場份額。曾經的世界首富——墨西哥的卡洛斯·史林（Carlos Slim Helu），就是做水泥出身的，當然他也做了很多其他的行業。

再比如房地產，房地產為什麼好賺錢，部分原因就在於銷售半徑小。東莞的房子沒辦法搬來和深圳關內的房子競爭。華僑城片區的房子，街這邊賣一平方公尺三萬元，街對面賣六萬元，一平方公尺六萬元的房地產賣得比一平方公尺三萬元的還快，這就體現出開發商品牌的定價權。

再比如高檔手錶，高檔手錶按理說應該是利潤率很高的，但這是一個全球性競爭的行業，中國的手錶商要和全世界的手錶商競爭。而就算是一個只有三億元的小地產開發商，房地產只和本區開發的產品競爭就可以了，競爭的激烈程度小得多。

差異化的第六個標誌是先發優勢。好的行業裡，領先企業通常有較為明顯的先發優勢。我比較喜歡買的是龍頭，而且是有先發優勢的龍頭。只要在行業內領先，後面的公司一輩子也追不上，這就是先發優勢。俗話說男怕入錯行，我們個人在做事業選擇時，很重要的一點就是要找到有先發優勢的行業。我認為做一個證券分析師就很有先發優勢。做十年之後，和新進來的人相比，你的市場影響力、在行業內的人脈、對行業的理解是完全不一樣的，這是個好行業。像外國的券商研究所裡，有六十多歲了還在做分析師的人，也做得很快樂。但是，做程式師就不一定是一個好行業，可能三年就需要學一種新的電腦語言，除非你轉型做產品經理。中國的很多行業就是這樣，總是有後浪不斷去推前浪，最後把前浪拍死在沙灘上，這樣的行業就很難受。

其實現在炒的這些創新板公司，大多沒有這種先發優勢。當然其中一小部分是有核心競爭力的，也出了一些很好的成長股，但是很多公司拿訂單的核心還是靠便宜。

再過五年，中國可能會有很大一部分製造業被外包到越南、印度等國家。中國這幾年勞動力成本、土地成本、環保成本上升很快，再加上匯率升值，我們的成本優勢已經完全喪失了。二〇〇三年以前，我們的人工成本是墨西哥的十分之一，二〇一三年我們是他們的百分之七十五，基本上是同一個量級的，已經沒有什麼優勢了。二〇〇三年以前跨國公司可以把美國的產能轉移到中國來，十年以後一樣可以轉移到越南等國家去。不過短期內還轉移不動，因為總成本價差還不夠大。現在的價差只有百分之十或百分之二十，而且拆舊廠建新廠還有固定成本的問題。但是到下一代技術，特別是對那些技術變化快的行業來說（比如iPhone 3 零配件的產能到了iPhone 8），原有的技術和優勢可能一點用處也沒有了（iPhone 8就採用新的技術了）。我比較講究先發優勢，在行業內技術變化太快的行業裡，這種先發優勢就很難看到。

儘管美國的科技股是美國過去三十年漲得最好的行業，出了不少漲幅幾百倍甚至上千倍的牛股（二十世紀九〇年代雅虎漲了幾百倍、思科漲了上千倍），但為什麼長期業績好的投資大師如巴菲特、蒙格、索羅斯、彼得·林區、約翰·聶夫（John Neff）、傑瑞米·葛蘭森（Jeremy Grantham），沒有一個愛投科技股？一個重要的原因就是這個行業技術變化太快，先發優勢不明顯，護城河每三到五年就要重新挖一次，太難把握。

品質就是弄明白這是不是一門好生意

總結一下，判斷一個公司所在的行業好不好，首先是看行業競爭格局是不是清晰，領先者有沒有品牌的美譽度，領先者產品的售價是不是顯著高於其他競爭者，領先者有沒有網路服務的優勢、有沒有規模效應，產品的銷售半徑是不是相對比較小（不用參與全球競爭），是不是有回頭

投資微論

財務分析：許多人對財務分析不屑一顧，但是對季報利潤比預期多一分錢還是少一分錢耿耿於懷。其實隨一點會計手段（向管道壓貨、改變折舊方式、存貨價值重估、信用銷售）都可以輕易地改變每股盈餘幾分錢。對行業格局的分析和對公司核心競爭力的理解是「道」，財務分析只是「術」，但是後者對前者發揮驗證和把關的作用。

客，是不是低單價（下游對價格不敏感），是不是轉換成本高，領先者是不是有先發優勢，技術變化是不是沒有那麼快。對品質的評判有很多指標，核心為「這是不是一門好生意，有沒有定價權，是不是一門容易賺錢的生意」。

比如我不太喜歡女裝品牌，我認為女裝品牌忠誠度沒有男裝高。男人比較懶惰，三十歲時習慣買一個品牌，到五十歲還是買這個品牌；女人三天兩頭變，款式變、顏色變、花樣也變，女人又比男人愛逛街愛比較。所以我總覺得男裝比女裝容易賺錢。

我作為一個基金經理比較願意讀到的報告，是把一個公司與它的直接競爭對手做比較的報告，這對我的幫助是最大的。現在看十篇報告，有九篇都是孤立地講這個公司多麼多麼好，和競爭者的比較都是一筆帶過，這樣的報告對我其實幫助不大。絕對的好沒有意義，一定要和別人比較。我一直強調勝而後求戰，願意買已經把競爭對手打趴的公司，而不是戰而後求勝，在百舸爭流中猜贏家。

很多人炒新興行業根本沒有把這些行業搞清楚，其實這些行業還處在嬰兒期。買一檔股票，要講究買在什麼階段。如果我們可以提前付一個人一筆錢買斷他一輩子的收入，那麼你願意在什麼階段買？你願意在他讀幼稚園的時候就付這筆錢嗎？就因為他是一個新興行業、是一隻成長股？那個時候根本沒有辦法判斷！你可以等到大學，如果他讀的是名牌大學，未來成功的概率會大一點。不過最好是等到他工作三年以後，可以看到他是不是在一個好行業中找到工作、晉升的速度是不是較快，那個時候是最好的。買入一個真正好的公司、好的行業，你永遠都不會太遲。就像百度、騰訊這種股票，一直等到它們把對手打趴了，在優勢已經很明顯的二〇〇五年再買，也還有幾十倍的空間。

另外，我認為行業研究員能夠給基金經理提供的附加值，在於講出這個行業的特點。二〇一三年最火的行業是傳媒業，因為電影的票房很高，但是「電影的商業模式到底是怎樣的」這個問題卻很少有人探討。作為一個內容行業，電影的特點就是利潤缺乏可預測性和可持續性。這個電影可以有十億元票房，下一個電影可能就只有三億元票房。觀眾的口味是在不斷變化的，特別現在八〇後和九〇後是看電影的主力軍，他們的口味是很難把握的。

我分析公司、分析行業，更看重的是行業的內在特質和公司的長期經濟特徵，這一類靜態的資訊，這些是規律性的東西，只有對行業真正理解才能夠說得出來。然而市場短期總是更關心公司這個月的訂單狀況，下個月有沒有資產注入這類動態的消息。跟蹤動態消息的辦法是術，不是道。若要真正長期地取得超額收益，必須要把行業特性、內在規律搞清楚。

再回到電影的例子。很多人以迪士尼為例說明電影商業模式的優勢。但是迪士尼在電影業中是獨特的，它起家時靠的是動畫片，米老鼠、唐老鴨是不會要求漲工資的。而且，迪士尼的動畫片每七年就可以原封不動再賣一次，這種未來收入的可預見性在內容行業中是少見的。穩定和可預見的未來收入，這也是當年巴菲特購買迪士尼的重要原因之一。

但很多人認為，電影的票房增長這麼快，一定有牛股。中國電影業過去十年的票房增長速率確實是很驚人的——每年百分之四十到百分之五十的增長。但是如果要講行業增長的故事，我有兩個問題：第一，如果行業持續快速增長，電影院線肯定是要賺錢的，那為什麼港股上市的電影院線才零點五倍的股價淨值比、七億元的市值？第二，為什麼在美國上市的博納影業才十五億元人民幣的市值？其實它二〇一二年的收入跟A股這些電影龍頭是差不多的，為什麼總市值相差二三十倍？

當然，跟創新板其他那些空手套白狼的公司比起來，A股的這些電影龍頭還算是有些基本面支持，至少它們在行業中確實是屬於領先的。但是，對內容行業的公司，我不願意在它們拍的電影很火爆的時候用五十倍市盈率去買，長期來看這具有大衛斯雙殺風險。投資者應該在它們拍出爛片的時候用十五倍市盈率買入，這樣就可以等待大衛斯雙升。因為對內容行業來講，好片之後可能接著是爛片，爛片之後可能接著是好片，這其間的隨機因素太多，缺乏延續性。

內容行業的收入與利潤的不可持續性，對手遊行業來講是一樣的。幾年前最火爆的遊戲是《憤怒鳥》，雖然之後又推出了好多版本，但再也沒能達到當初的那種火爆程度。所以《憤怒鳥》的創辦人把公司賣給了大型傳統遊戲開發商，《植物大戰殭屍》的創辦人也同樣選擇了出售公司，他們都屬於了解行業特性的明白人。然而，迪士尼的情況就不一樣，米老鼠、唐老鴨的動畫形象在小孩和家長的心裡紮下了根，成了「特許經營權」，他們會不斷地反覆購買各種各樣的迪士尼商品。而手機遊戲的生命力卻只有三到六個月，絕大多數手遊根本就沒有什麼黏性，更談不上特許經營權。二〇一三年市場對電影和手遊行業的爆炒，最終結果就像納斯達克泡沫最終破滅一樣是很清晰的，只是我不知道它什麼時候會發生。

我並不是說手遊作為一個行業沒有美好的未來；相反，我認為手遊的未來是無比光明的。就像一九九九年時我也認為網路作為一個行業有著極其光明的未來，但這並不代表網路企業的股票在畸高的估值下值得買入。

我是在一九九五年申請美國大學的時候開始使用網路的，是中國的第一批用戶。當時要連結美國大學的網站，輸入網址後可以先去洗個澡，洗完澡出來，這個大學的網站才載入完成，而且出現的頁面是純文字版的，連圖片都沒有，當時的網速就是這個水準。

一九九九年時我不買網路股票並不是因為不看好網路的未來，而是因為它們太貴，而且當時行業還處於百舸爭流的階段，不知道誰是最終贏家。回頭看，現在最大的網路公司——谷歌、Facebook、騰訊一九九九年時還都沒有上市呢，蘋果當時也不被大家看好。在一九九九年上市、存活至今並且做大的，其實也只有亞馬遜、eBay、Priceline等少數幾家，其他幾百家公司全都銷聲匿跡。在A股市場一九九九年惡炒的網路股中，更是連一家成功的網路公司都沒有走出來。因為好的網路公司常常在天使投資、風險投資和私募股權投資階段就有外資介入了，最後往往會去美國或者香港上市。一九九九年A股「5．19」行情爆炒的那些公司，事後證明都只是講故事而已。

儘管在過去十幾年中，網路是發展最快的行業，但是十幾年前在A股基本上找不到好的投資標的。同樣，對於今天的新興行業來說，未來最好的公司很可能今天都還沒有在A股成功上市，看好新興行業也不一定找得到好的投資標的。

三五年後，手機遊戲可能是一個巨大的市場，但這個市場可能不是A股上市的這些手機遊戲公司做出來的，因為這個行業實在是門檻太低、競爭者太多了。最後錢都被平台賺走了，內容公司只是為他人作嫁衣裳。

再舉個例子：在二〇〇三年，如果比較中國的空調和手機行業，誰在之後十年的增長更快？手機基本是從無到有，二〇一三年已經坐擁七億多用戶，是二〇〇三到二〇一三年增長最快的行業之一；而空調的增速在二〇〇五年之後就大幅下降了。我們可以對比看看二〇〇三到二〇一三年年格力電器和美的電器的股價，再比較一下夏新和波導的股價。二〇〇三年以前，波導是「手機中的戰鬥機」，夏新的手機也供不應求。手機是二〇〇三到二〇一三年中國成長最快的硬體行業，但為什麼其長期股價走勢還不如專注於空調的格力電器？

是因為沒有掌握核心競爭力，競爭者太多，還是因為技術變化太快？有人也許會說，這是山寨機，品牌機就不一樣了。那就看看過去幾年摩托羅拉、諾基亞和黑莓的命運；還有二〇〇〇年的PALM，它當時是最酷的智能手持終端生產者和最牛的股票，但現在已經沒有人記得了。

這種顛覆性的、技術變化快的行業，很難在事前知道誰是贏家。並不是行業增長快就能隨意購買股票。這個邏輯在二〇一三年的市場中是不被認可的，大家只是想著要買符合轉型的公司、快速增長、有遠大未來的公司，但是這種邏輯是禁不起時間考驗的。

一個成功的投資者應該能夠把行業到底競爭的是什麼說清楚，把這個行業是得什麼東西得天下弄明白。比如說高端酒是得品牌者得天下，中低端酒得管道者得天下。中低端酒的品牌

投資微論

要認識一個行業，不妨做一道填空題：得____者得天下，用一個詞來概括這個行業競爭的是什麼。例如，基金業是得人才者得天下，高端消費品是得品牌者得天下，低端消費品是得管道者得天下，無差異中間品是得成本者得天下，製造業是得規模者得天下，大宗品是得資源者得天下。

忠誠度沒有那麼高，就看誰的管道鋪得更廣，管理得更精細。同樣是白酒行業，在不同的細分子行業中競爭的東西也是不一樣的，投資之前必須把每個細分子行業中決定勝負的因素研究清楚。即使是同一個行業，投資者也得明白在不同階段，到底什麼因素是決定勝負的關鍵。比如說電子行業在一些階段可能是得良品率者得天下，或者是得技術路線者得天下，或者是得訂單者得天下。

問題三：時機

投資的第三個大問題是時機。都說投資是科學加藝術，在投資的三個基本問題中，估值是最接近科學的，有一整套的方法和規律可以學習；而選時是最接近藝術的，只可悟、不可學，只可意會、不可言傳。

也有許多人試圖從歷史股價走勢中總結出各種選時的規律，有些是依靠事前無法斷定、事後昭然若揭的主觀圖形，例如數浪，A浪、B浪、第幾大浪、第幾小浪都是事前模棱兩可，事後一覽無餘的，這樣的方法就是「藝術」了——不可檢驗，無法證實也無法證偽。還有一些是依靠客觀指標，比如突破一定的百分比就是反轉信號，移動平均線交叉就是交易信號，等等。

這些信號其實是可以用歷史資料測試的。多年前我曾與程式師一起用世界各國的海量歷史資料測試過許多這樣的「客觀化」技術指標，模擬結果令人失望：我們幾乎找不到有效的指標，而且大部分只有百分之五十左右的正確率，甚至不能夠用作當反向指標，少數模擬有效的指標扣除了交易成本後也基本無利可圖。對於選時指標，經常錯的指標和經常對的指標兩者價值是一樣的，最無用的就是那些接近百分之五十正確率的指標，而大多數的技術指標都在此列。

當然，也有些基金經理靠技術指標判斷市場方向，根據這些指標進行的波段操作和及時止損來控制下行風險，管理的基金長期業績突出，也深受機構投資者的歡迎。不排除確有深諳此道者能夠持續創造超額收益，但是，作為投資者的你很難識別這種選時能力。國外的研究表明，判別一個人有沒有選時能力需要五十四年，因為選時只是二選一的漲跌選擇，要判斷一個選時正確的人是因為能力強還是因為運氣好，需要積累很多年的資料才能夠有足夠的樣本數進行區分。

對於多數人而言，對待選時的正確態度應該是避免把大量的時間花在試圖「抄底」或者「逃頂」上。從時間耗費投入產出比的角度來看，對於一個公司的基本面而言，你研究了三個月，比一個研究了三天的人做出的投資結論勝算要高得多。然而，你在一張K線圖上花三個月計算各種指標，也不見得能比一個看了幾秒鐘K線圖的人判斷更準確。彼得．林區說的「如果你每年花十分鐘在宏觀分析上，你就浪費了十分鐘」，也是同樣的意思。

總有人感嘆錯過了一支幾十倍的大牛股，賣得太早了；而不久之後又會因為迴避了某檔股票百分之二十的調整而沾沾自喜。其實，二者常常是魚與熊掌不可兼得。短期選時與長期投資雖然有時可以並行，但是更多時候是相衝突的。

密西根大學金融學教授內賈特．賽亨（H. Nejat Seyhun）對一九二六到二〇〇四年美國市場指數進行研究後發現，不到百分之一的交易日貢獻了百分之九十六的市場回報。同樣的資料，出發點不同就有不同解讀。長期投資者說，這說明長期投資是對的，這樣才能保證那百分之一的日子出現時你有持倉；短線選時者說，這說明波段操作是對的，因為其他百分之九十九的日子裡你根本就不需要有倉位元。二種觀點的分歧在於，這百分之一的交易日是否事前可預知。

對於強調基本面分析的人來說，短期選時難度太大，相比之下長期擇時更有意義。從統計意義上來說，最低點或最高點的成交量占全年成交量的比例極小，精確的「抄底」或者「逃頂」跟彩票的中獎概率差不多。如果把「底」和「頂」在價格上看成區間、在時間上看成時段，用更長期的眼光來看問題就會相對簡單一些。

對我而言，第一種辦法是看估值。在世界各國的股市歷史中，市場估值是長期均值回歸的，例如，美國、歐洲各國市場的長期市盈率中值都在十五倍左右。低估值時高倉位，高估值時低倉位，這個「笨辦法」雖然既不能保證「總是對」、也不能保證「馬上對」，但是長期堅持下來，一定是有超額收益的。

第二種辦法，是根據各種指標之間的領先和滯後關係進行分析（具體請見本書第十章）。

第三種辦法，是根據對市場情緒的把握和逆向思考進行分析。其實，長期選時如果能夠避免追漲殺跌，避免受眾人的極端情緒影響，就能先立於不敗之地。基金業的某教父級人物曾說過，從選時的成功率來看，「死多頭」和「死空頭」的正確率長期看各有百分之五十，但是大多數人的選時正確率不到百分之五十，因為人們易在暴漲後樂觀、在暴跌後悲觀，結果常常是高點高倉位、低點低倉位。如果我們觀察一下A股公募基金的平均倉位，就會發現倉位最高點出現在二〇〇七年六千點，倉位最低點出現在二〇〇八年的一六六四點。所以才會有「八八魔咒」的說法：當公募基金平均倉位達到百分之八十八以上時，一般就是市場階段性見頂的信號了。

國外的公募基金絕大多數不選時，契約上就白紙黑字地要求百分之九十五以上的倉位，原因很簡單：過去一百多年的歷史表明，國外選時的基金長期業績不如不選時的基金，就是因為大多數選時的人往往出現高點高倉位元、低點低倉位元的情況。

我的第一個老闆曾經半開玩笑地說他有一個最佳選時指標，就是他的遠房表弟。他們平時聯繫不多，但是每次市場火熱時表弟就會打電話來問他對股市的看法，這通常是市場接近見頂的信號，老闆稱之為「表弟指標」。

其實，能成功選時的總是極少數。**對於多數人而言，只要把估值掌握好，把基本面分析好，淡化選時，長期來看投資回報就不會差。**二〇一三年談基本面就輸在起跑線上了，說估值就死在起跑線上了，但這種現象不是常態。總體上看，A股市場過去十年的趨勢是越來越重視基本面，越來越重視估值。這個趨勢是不會變的。隨著QFII（Qualified Foreign Institutional Investers，合格的境外機構投資者）的進入，這個趨勢只會得到進一步加強。

二〇一三年大家都說QFII不懂A股，再過幾年，QFII的話語權增大後，那就不是「QFII不懂A股」，而是「A股不懂QFII」的問題了。

投資微論

歷史上的股市見底信號：1. 市場估值在歷史低位；2.M1 見底回升；3. 降存準或降息；4. 成交量極度萎縮；5. 社保匯金入市；6. 大股東和高階主管增持；7. 機構大幅超配非週期類股票；8. 強週期股在跌時抗跌，漲時領漲；9. 機構倉位在歷史低點；10. 新股停發或降印花稅。

共性的、本質的、規律性的分析

估值分析加基本面分析，長期來看是行之有效的，這一點我絲毫沒有懷疑過。儘管二〇一三年談基本面和估值與市場格格不入，但是長期看一定是對投資業績有幫助的。

在基本面分析中，最重要的是那些靜態、本質、規律性的分析，而不是動態的訂單之類短期的經營情況。管理層的素質是靜態、本質的。如果能夠對管理層的素質和道德水準作出定性的分析，對投資特別有幫助。首先，這個公司的管理層可不可靠、值

投資微論

投資理念 Vs. 具體知識：如果把投資比成項鍊，那麼投資理念就是線，對公司、行業的具體知識就是珠子。只有珠子沒有線的人是行業專家，但不是行業投資專家。只有線沒有珠子的人是投資學家，但不是投資家。二者只能選其一時，珠子更有用一點。所以一些沒有投資理念的人短期業績也可以很好，因為剛好找到了一個大珠子。對研究員而言，珠子更重要，但研究員應該是行業投資專家而不僅是行業專家，所以也要有一定的投資理念來把對行業公司的知識串在一起。對基金經理而言，線更重要，但只有線沒有珠子很容易成為眼高手低的理論家，必須通過不斷地調查研究保持對行業、公司動態的了解。

不值得信任，是否曾經誤導過投資者；其次，他們對行業的認識和這個行業的實際趨勢是否相符；再次，這個公司的管理層有沒有執行力，對公司的中層是否有足夠的控制力和號召力。這三個問題是都是些靜態的資訊，一旦找到答案，短期內是不會改變的。

對中小公司而言，管理層特別重要。中小公司更多地處於靠個人英雄主義的階段。一兩百億元以上市值的大公司，更需要依靠一種機制而不是某個人。所以對大公司的分析，我經常需要看這個公司中層的關鍵績效指標（Key Performance Indicater，KPI）是怎麼定的。

比如，我們就曾經比較過金螳螂、亞廈、廣田、洪濤和瑞和的KPI考核指標。因為裝修行業的專案散佈在全國各地，管理半徑長，管理得好與不好差別非常大（全國性的房地產公

投資微論

兩句令我很受啟發的話：一句是投資界某厲害的人說的：投資就是要殺雞用牛刀，因為殺雞用雞刀不能一刀斃命，反而容易傷到手，必須集中兵力深度調查研究打殲滅戰。另一句是某上市公司總經理說的：帶兵打仗，人是第一位的，因此即使目前經營環境惡劣，也不能減少對員工和團隊的投入。

司也是同樣的道理）。考核導向是非常重要的，我們發現，哪家公司KPI最重視現金流和回款，哪家公司的現金流和回款就最好。大公司不能再依靠個人英雄主義，必須要靠管理、靠文化、靠機制。我們要尋找的就是那種好行業中的好公司，最好還有好的管理層和好的管理機制。

把投資分析簡化為估值、品質和時機三個問題，不敢說是最好的辦法，肯定也不是唯一的辦法，但我相信它是一個相對行之有效、相對簡單可行的辦法。而且，它也不只是在A股行之有效，從我在美國、加拿大、韓國、中國香港等很多個國家和地區的親身經歷來看，這個辦法的效果都不錯。

的確，投資有相當一部分是因時而異、因地而異、因國家和行業而異的；但是，投資也有一些更為本質的東西是共性，是放之四海而皆準的，並不會因為國家和行業的不同而不同。作為一個職業投資人，我們要研究的就是這些共性、本質、規律性的東西。

05

寧數月亮，不數星星：待行業整合後再出手

買黑馬股的人有點像賭石：買塊不起眼的石頭，期待能開出好玉來。二〇一三年的情形是太多的人爭著去賭石，玉沒人買，結果石頭的價格被炒得跟玉的價格很接近：有些還不怎麼盈利的黑馬股市值已到了兩三百億元，而寡頭行業龍頭的白馬股市值也不過五六百億元。這時候，我寧可買玉。

投資一點通

＋週期性成長股：市場低迷時，週期性成長股是最值得關注的，因為它們的估值會因其週期性而被恐慌性殺跌，但業績增長卻能因其成長性而跨越週期。與非週期性成長股（估值不低）和新興行業成長股（估值過高）相比，週期性成長股在當前股價下的CP值更高。

＋港股：港股的金融股為何比A股溢價多這麼多？為何許多港股小股票才五到十五倍估值，而A股小股票動不動就五十倍估值？國際金融大鱷、對沖基金參與的香港市場定價有沒有參考價值呢？這些身經百戰的職業投資者對中國行業和公司的理解，真的一無是處嗎？行業資本和國際資本的定價對中長期價值投資者往往有啟發。

＋季報：歷史表明，低估值價值股相對於高估值成長股的超額收益，常出現在季報公佈前後，因為市場對高估值成長股的業績預期往往太高，因此季報容易令人失望；相反，市場對低估值價值股的業績預期往往太低，因此季報容易超出預期。近期業績快報也突顯了這種預期差，直接推動了市場風格轉換為低估值白馬行情。

為何「數月亮」？

「來，我們來數星星。你智商低，你數月亮吧。」這個段子引人發笑，但在股票投資中，我們要寧做數月亮的人，不做數星星的人。

從行業配置的角度看，有的行業集中度高，兩三個龍頭企業就占據了行業中絕大部分的市場份額，研究這樣的行業就像數月亮一樣簡單；有的行業集中度低，參與競爭的企業多如繁星，要把行業的競爭格局搞清楚就像數星星一樣困難。研究後者肯定比研究前者困難得多，但是投資收益的高低與研究的難易卻常常不成正比。

如果比較長期的利潤增長，數月亮的行業常常戰勝數星星的行業。為什麼呢？原因很簡單。數月亮的行業一般門檻高，參與競爭的企業少，所以競爭有序，坐地收錢，旱澇保收；數星星的行業門檻低，誰都能進來，競爭激烈，經濟好時擔心成本上升，經濟差時擔心需求下降，好日子總是不長久。前者是賺錢不辛苦，後者是辛苦不賺錢，比較之後，哪一類公司更適合投資，其實是一目了然的。

最好也最容易研究的競爭格局是「月朗星稀」，就是一家獨大，其他競爭對手都不成氣候。例如，一家生產原材料的企業所處的本來是生產同質化中間產品的爛行業，但是它占有了該細分領域的中低端市場近一半的市場份額，行業第二名的市場占有率還不到它的五分之一。因此，即使是在二〇一一年行業低迷、競爭對手紛紛虧損的背景下，它還能保持百分之十以上的淨利潤率。這就是得益於「月朗星稀」的行業格局。

稍差一些的競爭格局是「一超多強」，彼此之間雖然有競爭，但老大的優勢還是很明顯，例如工程機械、客車以及某些汽車零配件，行業老大的市場占有率遠超老二、老三，龍頭企業的規模優勢、品牌認知度和服務網路優勢令競爭對手難於追趕。

再次一些的競爭格局則是「兩分天下」和「三足鼎立」。空調是兩分天下，所以空調龍頭企業的股價可以達到十幾倍的漲幅，同為家電製造但是競爭格局更為分散的電視企業則無法相提並論。

最差的競爭格局就是「百花齊放」、「百舸爭流」的高度競爭行業。這種充分競爭的行業一般是吃力不討好的行業，長期投資者不妨等待他們通過競爭分出勝負之後再投資。許多人都擔心等行業競爭分出勝負後再投資會太遲。其實，只要看一下騰訊、百度、谷歌等公司的情況，它們在幾年以前就已經擊敗行業內的其他對手成為一家獨大的「月亮」了，但是過去幾年的投資回報率依然不菲。

「數月亮」的行業還有一個不太好聽的名字：寡頭壟斷行業。寡頭壟斷也分兩種：國家給的和市場給的。國家給的寡頭壟斷（例如公用事業）往往伴隨著價格管制，長期投資回報一般不會太高。只有市場競爭、行業洗牌後產生的寡頭壟斷才有定價權。中國的行業大多競爭激烈，真正靠市場洗牌後產生的寡頭行業並不多。

不過，我們說的行業是細分子行業的概念。有些大行業內貌似競爭者多如繁星，但是在細分子行業的競爭格局中已經實現了「三分天下」甚至「一超多強」。例如，白酒品牌貌似多如繁星，但是高端白酒和次高端白酒每個價位內可選的品牌，實際上屈指可數；男裝品牌貌似多如繁星，但是中高檔國產品牌能實現全國佈局並且具有美譽度的，卻寥寥無幾；藥品種類貌似多如繁星，但是許多病症的可用藥基本就是獨家品種。因此，在細分子行業的層面，可以「數月亮」的板塊其實並不少。

另外，我們說的競爭是區域市場的概念，有些行業從全國的範圍看好像市場挺分散，但是在某個特定的區域，市場已經形成了寡頭壟斷。比如，全國有上萬家房地產公司，但城東的房屋與城西的房屋之間有時就不存在直接的競爭關係。啤酒、水泥等銷售半徑小的行業也一樣。例如，有的啤酒公司在其「一家獨大」的省份，淨利潤率能夠做到百分之十五以上；在競爭者多的省份，淨利潤率則不到百分之一點五。同樣的啤酒，由於不同的市場競爭格局，利潤率可以相差十倍，可見競爭格局對利潤的影響之大。因此，銷售半徑小的行業，例如房地產、啤酒和水泥，容易在某區域市場產生局部的「月亮」。

有統計表明，擁有博士和碩士學歷的人炒股的收益，不如擁有小學學歷的人。這個統計結果也許不一定有代表性，但也說明了一個問題：投資收益與智商高低無關。高智商的人有時喜歡做一些有挑戰性的難事，但是最賺錢的投資機會往往是簡單的。數星星比數月亮更有技術含量，但是投資結果往往與智商和技術含量無關。對投資者而言，等企業競爭分出高下，在「月朗星稀」、勝負已分的行業中投資行業龍頭，是勝而後求戰；在那些競爭者多如繁星的行業中硬要去猜誰是最後贏家，是戰而後求勝。兩種投資方法孰優孰劣，不言自明。

如何「數月亮」？

在我的投資生涯中，一直信奉四個原則。

第一個原則：便宜是硬道理。為什麼說便宜是硬道理？回顧二〇一五年下半年港股市場大幅下跌之後，很多港股擁有匪夷所思的低估值。汽車和地產都是比較容易計算價值的行業，我們當時找到幾家公司計算後發現明顯的低估機會就買入了，後來的回報也是令人滿意的。回頭看，市場當時怎麼可能這麼傻，定價如此之低，但確實就這麼傻。而且當時選擇在底部拋出這些股票，也有配備了世界頂級分析師和投資經理的萬億美元級的國際公募基金。為什麼會犯這種錯誤？當時他們可能自上而下不看好中國、不看好地產，或者自上而下覺得人民幣要貶值。在這種情況下，「便宜是硬道理」開始突顯意義，資本市場每幾年就會有這種「撿錢」的機會。

第二個原則：定價權是核心競爭力。好公司跟壞公司的一個區別，在於是否擁有定價權。好公司通常賺錢不辛苦，它定多少價格就是多少價格，最典型的案例是茅台。大多數白酒公司是想漲價卻漲不動，茅台是調控經銷商不讓其炒高價格，對炒作價格還有一定的懲罰機制。相比之下，有一些沒有定價權的消費品公司，稍微提高產品價格，當期銷售量就大幅下滑，隨後迫不得已只能降價。

第三個原則：勝而後求戰，不要戰而後求勝。這是《孫子兵法》裡的一句話，我認為大多數可控的投資，投的是已經發生的未來。站在當下要看到未來的確定性，那它應該是勝負已分的行業。這個原則可能更多適用於二級市場而不是一級市場。如果你做天使投資，追求勝而後求戰，那你基本上沒事情可幹。但是即使是天使投資也需要一個終局思維，需要理解未來是什麼樣的，分析這個行業的特性是贏家通吃還是百花齊放。二級市場中，我比較喜歡在勝負已分的行業裡面找贏家，一般不在百舸爭流、萬馬齊奔的競爭中賭大小。A股炒作的特點是經常找對了賽道，但賭錯了賽馬。比如，二〇一〇年整個電動車產業鏈的前景很好，但個股很糟糕。再比如，二〇一三年年底大家都非常看好遊戲股和電影股，但是最後A股手遊行業找不到贏家，最後的贏家是騰訊和網易，這兩家占了大約百分之八十的市場份額，A股各種轉型或併購手遊的公司基本上都沒有成功。

第四個原則：人棄我取，逆向投資。投資無非就是以便宜價格買到好公司。首先要買好公司，買差公司不是我們追求的，但好公司何時會便宜？大多數發生在它出現一些問題而被投資者拋棄的時候。二〇〇三年美國出現狂牛症，麥當勞股票遭到拋售，因為它的主力產品是牛肉漢堡，事件之後麥當勞股價持續上漲了多倍，這是我學習逆向投資的第一課。有些產品是剛需，負面事件會影響短期銷量，但長期銷量不會受影響。例如中國也曾發生一些食品安全事件，二〇〇八年伊利、蒙牛等多家奶企的產品中檢查出三聚氰胺，二〇一二年年底白酒行業發生塑化劑事件，這些事件發生時股價出現大幅下跌，事後證明都是較好的買點。

我們如何去判斷行業是否勝負已分，怎麼樣才知道它要出「月亮」？可以用一個詞概括良好的行業格局——「月朗星稀」，就是月亮很亮，星星很少也很暗，說明這個行業已經分出勝負，而不是繁星滿空。數星星是辛苦不賺錢的活，相反，數月亮是賺錢不辛苦的活。同理，如果行業勝負已分，你會發現這個行業賺錢不辛苦，如果行業勝負未分，大概率是辛苦不賺錢。當然也有例外，有的行業還沒有分出勝負的時候，大家都活得很好，但這不一定是長期可持續的，因為還會洗牌，可能不斷有新的競爭者進入。有人擔心等勝負已分的時候再投已經太晚，其實一般不會。天下大勢分久必合、合久必分，整個商業的發展史最後大多數都體現了頭部效應[1]，大部分行業都呈現出集中度提升的規律，百花齊放是例外。美國歷史上，哪怕是鋼鐵行業，最後也出了卡內基，而石油行業也出了洛克菲勒。很多行業的資源會不斷向頭部公司集中。當二〇一二年、二〇一三年大家非常看空地產的時候，我們很堅定地認為龍頭地產公司一定會比行業中的小公司發展好。一家龍頭地產公司與一個小地產商比較，龍頭地產公司拿地價可能便宜百分之十，同樣地段的房子可能多賣百分之十，融資成本可能低百分之五，採購成本價可能低百分之十，所有這些因素綜合起來，龍頭地產公司可能賺百分之十的淨利潤，小地產商卻不賺錢。所以，過去幾年地產行業的集中度不斷提高是不可避免，現在幾大龍頭地產公司的年銷售額都在五千億元以上。

研究股票時我通常會先從行業入手，總結行業的規律和特性，重視行業格局，因為**行業格局往往決定結局**。有時候一個商業模式較差的行業如果格局好，行業內的各個公司活得也

1頭部指 top，頭部公司即某行業中最頂尖的那些公司。

很好。而一個商業模式較好的行業，一旦好格局被破壞，參與者的日子也將變得很艱難。例如，白色家電原本並不是一個很好的行業，競爭過於激烈，但是一旦形成了兩分天下的行業格局，格力、美的都能維持較高的淨利潤率。一些產品差異性不夠大的行業，只有達到一定的集中度才擁有一定的定價權。

好行業如果格局分散，大家都賺不到錢；差行業如果集中度較高，也有可能賺錢。因為在不斷發展的過程中，行業內的公司越來越少，龍頭逐步擁有定價權。

我們要關注行業格局的演化，思考哪些行業是有「月亮」的，哪些行業正在形成「月亮」，哪些行業永遠都是「繁星滿空」。

這其中的關鍵是先發優勢。哪些優勢能保證領先者不會被後來者超越？例如奢侈品追求古老悠久的歷史背景和傳承，這個競爭力永遠無法被超越，因為新創公司無法擁有比現存龍頭公司更長的歷史。美國的科技全球領先，可以創造特斯拉，但卻沒辦法創造 LV、愛馬仕。這種不可顛覆的先發優勢就是一個很高的門檻。如果沒有先發優勢，行業就永遠是長江後浪推前浪，前浪死在沙灘上，那麼行業就容易碎片化，難以整合。

另一個關鍵是規模優勢。網路效應是規模優勢的一種，人越多體驗越好，產品價值隨著購買產品的消費者數量增加而增加。有規模優勢的行業就容易產生規模效應。我經常問研究員一句話：「這個行業是越大越強還是越大越難？」越大越難就是不好的生意。很多行業是越大越難的，例如，服裝零售行業中的一些公司在全國兩三千個縣市開設數千家門市，但是標準化做得不好，隨著門市增加，管理半徑和管理難度呈幾何級數的增長。

行業格局本身並沒有直接的意義，重要的是格局背後的定價權，那是舍我其誰的不可替代性帶來的定價權，這才是區分賺錢不辛苦和辛苦不賺錢的分水嶺。例如，鐵道部是壟斷的，但它卻是虧損的，因為它的定價權不掌握在自己手中，即使壟斷也沒用。很多消費類或者醫藥類的公司，行業並不是很集中卻也擁有定價權，因為子行業之間千差萬別，只要在子行業中成為局部的「月亮」，就有定價權。例如心血管的藥和糖尿病的藥之間沒有競爭，因為產品具有差異化的屬性。而同質化的行業就比較難有定價權，除非在一定的區域裡取得局部壟斷，成為局部的小月亮。

投行的人員可能最懂得如何定義天空，每一家IPO招股說明書中的公司，都是其劃定足夠細分的領域中的行業龍頭。一些行業看似競爭對手很多，其實很多公司在不同的天空各自運轉。例如，即使全世界的包出現產能過剩，愛馬仕和ＬＶ也不會受到影響；茅台與二鍋頭之間是沒有競爭關係的。所以如何定義天空很重要。還有一種情形是跨界競爭，例如鴨脖等休閒滷製品和奶茶、小零食等相互競爭，瓶裝飲料與奶茶競爭，泡麵與美團外賣競爭。如果出現跨界的降維打擊，現有天空裡的「月亮」可能就被掩蓋了，就像天空中原有一個月亮，突然又闖入一個太陽，那月亮的光就看不見了。

我們如何去尋找定價權？有一個不錯的選擇是去尋找初升的月亮，尋找沒被充分發掘的定價權，未來能夠漲價。如果能出現像格力、茅台這種已經皓月當空的公司，那也很好。有特許經營權的公司是好公司，但是如果想以便宜的價格買入，只能買受到質疑的月亮，或者正在產生的月亮。經歷狂牛症風波的麥當勞、三聚氰胺事件中的伊利、塑化劑事件中的茅台可能是前者，而快遞、啤酒和訂製家具有可能是後者。

室內設計

室內設計行業是典型的高度分散行業，整體市場規模大約二萬億元，但龍頭公司的市場占有率很低。傳統的室內設計非標準化屬性很強，行業進入門檻低、產品高度同質化、服務半徑有限、管理難度較大，導致了極低的行業集中度，無法實現規模經濟。二〇一五年行業湧入大量網路室內設計公司，試圖整合、替代線下室內設計公司，但因缺乏線下服務能力、很多工程無法按時交付和保證品質，最後部分網路室內設計公司退出市場，行業格局依然很分散。

銀行和保險

金融行業都是持牌經營，有一定的進入門檻。銀行業有四千五百多家機構，包含大型國有銀行、股份制銀行、城商行、農商行、村鎮銀行等；保險業有二百三十多家機構，包含財產險公司、人身險公司、再保險公司等。顯然，銀行業、保險業都不是一家獨大的格局，也不是兩分天下或一超多強的格局，但這兩個行業中的頭部公司仍然擁有獨特的競爭優勢，例如零售業務領先、風控能力一流的銀行。在高槓桿經營模式之下，競爭優勢和風險都會被成倍放大，所以選擇頭部優質公司是較優的投資策略。

快遞

從美國快遞行業發展史來看，這是少數頭部玩家占據寡頭地位的行業，UPS、FEDEX、美國郵政形成寡頭壟斷的格局。受益於線上購物的高速增長，中國快遞行業的增速也遠高於其他行業的增速。中國目前有四通一達、天天快遞、順豐等多家快遞公司，相繼上市之後獲得了更多的資金支持，彼此之間價格競爭更激烈。除此之外，中國還有京東自營物流，而阿里的菜鳥在行業中也擁有較大的話語權，使得整個行業的競爭格局更加複雜。快遞是一個追求效率的行業，每一單包裹的利潤大約幾毛錢，所以必須以一種非常高效的方式把人流、物流、資金流組織在一起，才能形成規模優勢從而盈利。經過激烈的競爭之後，這個行業可能會逐步形成「月亮」。

教育

中國的培訓教育市場以個人培訓和K12培訓為主，其中K12教輔市場規模接近四千億元。優質的教育資源長期稀缺且分配不均，決定了K12教輔需求長期存在。目前K12行業參與者眾多，但有幾家全國性的培訓機構，最大機構的市場份額約占百分之五，第二大機構的市場份額約占百分之三，其餘機構份額很小。部分城市存在競爭力很強的地方性教輔機構，使得一些機構在全國化擴張過程中可能面臨一定的競爭壓力。所以，我們需要判斷這是全國性市場還是區域性市場，如果教輔機構解決了全國化擴張面臨的管理半徑和效率的問題，那麼規模優勢下市場集中度會進一步提升。

訂製家具

對比海外的企業，日本宜得利、韓國漢森、瑞典宜家等都成了各自區域裡的行業龍頭，中國家具行業的市場集中度卻很低，暫未看到領先的龍頭公司。傳統的成品家具公司有很多的不可複製性，因而沒有大公司出現，但訂製家具行業的興起實際上對成品家具行業形成了降維打擊，過去幾年訂製家具的市場規模快速擴張，正在逐步擠壓替代傳統成品家具。訂製家具行業天然的優勢是以銷定產、沒有庫存壓力，同時能夠滿足客戶個性化的需求。目前行業有幾個相對較大的參與者和眾多規模較小的參與者，都在往全屋訂製的方向發展，有些從做櫥櫃起家，有些從做衣櫃起家，還有些起步就做全屋訂製。訂製行業的準入門檻較低，但規模化壁壘較高。在市場格局暫不清晰時，我們需要思考品牌、管道、品質、設計、服務、運營效率、供應鏈管理等眾多要素中，影響企業做大做強的關鍵因素。

不同的行業，只要行業集中度達到一定程度，都有產生「月亮」的可能性，也就具備了產生長期優質公司的土壤。但具體行業的特性和格局千變萬化，如何定義「天空」才是「數月亮」的關鍵。

06

經驗不是全部：只有自己打滾過才知道

有人喜歡集中持股，不熟不做，只打有把握的仗；有人喜歡分散持股，降低個股風險，而且易於對每支個股保持客觀性（集中持股的人容易「愛上」自己的重倉股）。二者各有千秋，無所謂對錯。我喜歡在中間找個平衡：足夠多，能降低絕大部分的個股風險；同時又足夠少，能對每個持倉都進行深入研究。

投資一點通

+ 零售業：百貨自身行業的幾個問題：電子商務的分流；商業地產的氾濫削弱了既有商圈優勢；有車族購物半徑增大，管道的可替代性增強；人工和租金快速上漲，但是現存畸高的加價倍率導致百貨公司在經濟低迷時無法轉嫁成本。

過去四十年美國零售業湧現了沃爾瑪、家得寶這樣漲了幾百倍的大牛股，但它們是以價廉物美為賣點、以標準化全國擴張為增長模式、以郊區「Big Box」為經營模式的企業；相反，那些位於市中心核心商圈、高加價倍率的傳統百貨公司卻長期股價低迷，許多之前如日中天的標誌性百貨企業，最終都難逃破產重組的命運。

+ 電子股：我對買電子股一貫謹慎的原因是，也許剛剛費了九牛二虎之力成為 iPad 2 的供應商，蘋果又推出 iPad 3。在 iPad 2 時最牛的供應商，到了 iPad 6、iPad 7 時可能就沒你什麼事了。前浪不斷死在沙灘上。

十幾年前我第一次對喬爾・葛林布萊特產生深刻印象，是由於他的投資業績。一九八五到一九九四年的十年間，他管理的對沖基金淨值翻了五十二倍，就連發生美國股災的一九八七年和經濟衰退的一九九〇年，他都取得了百分之二十八以上的正回報，其他年份就更不用說了——十年平均年化收益率百分之五十。

葛林布拉特認為，選股有兩個最好的指標，一個是資本回報率，另一個是EV/EBIT（EV是指企業價值，Enterprise Value的縮寫，等於股票市值和長期淨負債之和；EBIT即息稅前利潤）。蒙格卻認為，EBITDA（Earnings before Interest, Taxes, Deprecation and Amortization，未計利息、稅收、折舊及攤銷前的利潤）意味著不計所有成本之前的利潤，簡直毫無意義。蒙格作為巴菲特的合夥人，其投資造詣人盡皆知；而葛林布拉特的長期投資業績也絲毫不遜色於巴菲特。兩人各執一詞，究竟誰是誰非呢？

蒙格之所以對EBITDA如此反感，是因為對於一些高估值的股票，華爾街有些人喜歡用企業估值倍數（EV/EBITDA）來使他們推薦的股票顯得不那麼貴，因為企業估值倍數通常遠低於市盈率。

EBITDA的確不能代表企業的真實盈利，但是，不能因為EBITDA沒有考慮所有成本就說它毫無意義。就像我們經常做毛利率的分析，毛利本身也是不計各項費用之前的利潤，但是不能因此就說毛利率分析毫無意義。

同樣的道理，市盈率和企業估值倍數不過是分析工具，關鍵在於怎麼用。市盈率是個萬金油，什麼行業都可以抹一點。企業估值倍數則適用於製造業和各種週期性行業，因為這些行業的利潤波動大，市盈率在虧損或者微利時沒有意義，用股價淨值比、市銷率則難以及時反映企業的經營狀況，此時使用企業估值倍數常有事半功倍之效。

與市盈率不同的是，企業價值在股票市值之外還考慮了企業的長期淨負債，所以企業估值倍數對依靠高槓桿提升利潤的企業有適度的懲罰（這一點比市盈率強多了）。另外，因為EBITDA不受利息、稅收、折舊等的影響，管理層透過改變折舊方式、稅率、利息收入等進行盈餘管理的空間也較小。人們常說，「利潤只是一種意見，而現金流卻是一個事實」。其實，企業估值倍數的本質就是一種衡量現金流的指標，如果應用得當的話，不失為基本面分析的利器。EBIT也是如此。

值得一提的是，和其他現金流指標一樣，EBITDA對於金融股沒有絲毫意義；而對於不怎麼負債、沒多少折舊的品牌消費品公司而言，企業估值倍數還不如市盈率來得簡明直觀。所以，喜歡投資消費股和金融股的巴菲特和蒙格對企業估值倍數不以為然，也在情理之中。

價值投資的原則是放之四海而皆準的，然而，具體的分析方法和分析指標，一定要按照各國國情和各個行業的具體情況，因地制宜地變化。比如很多價值投資者愛用的自由現金流指標（巴菲特的「所有者盈餘」概念也與此接近），我在美國使用多年一直得心應手，但是後來在研究韓國、中國香港和A股等亞洲國家和地區的股票時，就發現不太好用。

因為在亞洲，製造業的企業多，很多具有先發優勢的

投資微論

一統天下：「高小新」階段，百舸爭流，群雄混戰，不必急著下注，不妨等「戰國七雄」產生以後再挑贏家，而且要買最強的諸侯，因為最後一定是秦國而不是韓國一統天下。等行業格局清晰後再買龍頭，往往風險收益比更佳。騰訊、百度幾年前就已是不怎麼小也不怎麼新的寡頭了，但是之後股價又翻了多番。

企業在快速擴張時往往進行大幅資本投入，自由現金流很差，但是其規模優勢、成本優勢和管道優勢卻在擴張中得以快速建立，成長為行業龍頭，此時，如果拘泥於自由現金流，反而會錯失許多大牛股。美國的情形正相反，其製造業過去幾十年都在萎縮，那些進行大幅資本開支的企業後來都血本無歸，所以資本開支大、自由現金流差的公司股價表現通常不理想。所以說，原則是不變的，但具體的分析方法和分析指標卻必須因為國別、行業的不同而有所差異。

這只是一個小案例。我們研讀不同的西方投資家的思想時，常發現貌似彼此矛盾的地方和許多不適用於中國國情的地方。其實，只要認真思考不同投資者投資的國別、行業的不同，以及投資風格、期限、規模等的不同，就會發覺每個成功者在自己特定的投資背景下的投資邏輯，都是禁得起推敲的。

投資微論

防火防盜防後浪：小股票的高成長性，大多只體現在新興行業或者技術變化快的行業裡。這些行業常處在長江後浪推前浪，前浪死在沙灘上的惡性循環中。即使你想買後浪，難處也很多：後浪太多了，此起彼伏，事前不知道買誰；等你買入某個後浪之後，他又被後浪變成前浪，也死在沙灘上。

投資經驗就像舊衣服，於己合身的，於人往往並不合適。投資中的任何感悟和總結都有各種侷限性，只有自己在市場中摸爬滾打、滿身傷痕之後，才能找到適合自己的投資之路。

投資隨想錄

撲克與投資：懂估算內在價值才能贏得牌局

▪德州撲克

許多投資大師都是德州撲克高手，因為二者有許多相通點：都需要理解概率；都要求在不完全的資訊背景下決策；都需要在牌好時下重注，牌差時不下注；都需要風險控制——牌好時不能孤注一擲，牌差時要及時止損；讀懂自己，避免恐懼和貪婪；讀懂對手，知道誰打得鬆誰打得緊。

公司的內在價值，是由現有業務（盈利、資產、現金流）的價值和未來成長的價值兩部分共同組成的，就像德州撲克最後的大小，是由手裡拿的牌和將要摸的牌組成的。價值投資者賭的是手裡拿的牌（現有業務的價值），成長投資者賭的是將要摸的牌（未來成長的價值）。一個是勝而後求戰，一個是戰而後求勝。

未出的牌能否構成贏張，事前是可以估算概率的，然而懂得估算的人少之又少。人性的弱點對未出的牌往往抱有過於美好的想像，驅使人們去賭未來的小概率事件。同理，投資中能預見未來成長的人少之又少，而為成長過分買單的卻大有人在。

▪數牌

華爾街很多交易員和對沖基金經理愛玩二十一點，他們一般擅長數牌，也就是默記盤面上已出的大牌數量，並以此來估算接下來各種牌出現的概率。不過，在拉斯維加斯數牌是與出老千一樣遭嚴厲禁止的，經常數牌的人會上黑名單，各賭場都不歡迎他們，因為這是不公平的優勢。

賭場也是與時俱進的，現在的二十一點經常用多副牌，打了其中的一小部分之後就重新洗牌，再想和以前那樣靠數牌為生已經不大可能了。在股市中，「數牌」從來都不受禁止，只是會數的人不多。

數牌的原理很簡單，一副牌中，大牌數量是一定的，前面出多了，後面出的就少了。在股市中，這本質上就是「均值回歸」的思路。盛極而衰，衰極而盛，股市的板塊輪動其實也可從估值週期、盈利週期、政策週期和經濟週期等多個方面進行「數牌」。所謂週期，就是周而復始、有規律可循、有牌可數的。

只是股市的牌比較難數，經常是幾十幅牌混在一起，動不動就重新洗牌，而且許多牌還不那麼規範。不過有一條捷徑：可以數人，數人比數牌更簡單、更有效。

數人的原理比數牌更簡單：當大家都集中在某些板塊抱團取暖時，這個板塊的上升空間也就很有限了；當大家都對某些板塊避之唯恐不及，這個板塊也就跌得差不多了。股市就像玩蹺蹺板，你想比大多數人站得高，訣竅是站在人少的那一邊。

投資眼光：聚焦便宜的好公司

你有四個選擇：便宜的好公司、昂貴的好公司、便宜的爛公司、昂貴的爛公司。央視《尋寶》節目中，幾萬元幾十萬元買的也有贗品，幾百元幾千元淘的也有真品，貴的不一定好，便宜的不一定差，關鍵是看眼光。如果你有眼光，市場上有的是便宜的好公司讓你撿漏；如果你沒有眼光，你買的那些「昂貴的好公司」其實很可能是「昂貴的爛公司」。

愛買高估值股票的人，潛意識裡有好貨不便宜的念頭，認為在有效的市場中，投資者只能在昂貴的好公司和便宜的爛公司之間選擇。其實，A股中短線投機、跟風炒作、追漲殺跌的人基本不看估值和基本面，所以估值高低和公司好壞關係不大，因此便宜的好公司和昂貴的爛公司常有，撿漏的機會多，「看走眼」的風險也大。

A股投機客多，又不能賣空，再加上昂貴爛公司的機構持倉少、流通盤子小，常為遊資炒作標的，時有爆發式的短線行情，吸引想賺快錢的散戶跟風買昂貴的爛公司。其實，昂貴的爛公司長期回報很差，爆發式上漲的另一面就是斷崖式跳水或長期陰跌，散戶很難在這種負和遊戲中占便宜，還不如老老實實買便宜的好公司。

如果你對自己的眼光有把握的話，昂貴的好公司裡面確實有些大牛股能夠通過未來的高速成長消化高估值，但是有這種眼光的人鳳毛麟角。如果你不是那麼有把握的話，買便宜好公司的安全邊際，在於即使錯了也是便宜的爛公司，好歹有點估值支撐；而買昂貴的好公司如果錯了，就是昂貴的爛公司，可能血本無歸。

很多人認為，好貨不便宜，便宜沒好貨，所謂便宜的好公司在現實中是可遇而不可求的。**其實，在市場的底部區域，便宜的好公司俯拾皆是，只可惜此時往往有錢的沒膽了，有膽的沒錢了。**

股票式債券：一次搞清楚股票與債券的分別

債券投資者對債市波動往往能有逆向思維，而股票投資者對股市波動卻總是追漲殺跌。造成這一差別的原因，表面上是債券有固定的息票和到期日。而股票沒有；實質上卻是許多股票投資者不太成熟，對股票投資的本質缺乏認識。所以華爾街有句老話：股票是小孩子玩的，債券才是大人們玩的。

債券下跌後，人們看到的往往是機會，因為人們會注意到債券的未來到期收益率已經因為價格的下跌而上升了；股票下跌後，人們看到的卻只是風險，因為股票沒有固定的息票和到期日。其實，股票和債券一樣，價格大幅下跌後，未來預期收益率就上升；價格大幅上漲後，未來預期收益率就下降。早在一九七七年巴菲特就說過，股票不過是穿著股票外衣來參加華爾街化裝舞會、長期資本回報率為百分之十二的債券。想清楚了這一點，對股市進行逆向思維也就容易了。

第三部分
投資風險

不為不可成，不求不可得，

不處不可久，不行不可復。

——管子

07

成功投資的關鍵：識破價值陷阱與成長陷阱

中國基礎建設投資占ＧＤＰ的比例為世界發展史上最高，為何每到上下班高峰就寸步難行、每到春運就一票難求、每到節假日高速公路就變停車場？這是個增量和存量的問題。從增量的角度看，我們的基建增速之高古今中外少見；但從存量的角度上講，中國的人均基礎設施存量與發達國家還相去甚遠，人均固定資本存量僅為美國、日本的七分之一。

投資一點通

＋政府扶持的產業：在政府對新興行業的大力扶持下，光伏產業曾經的中國首富宣告企業破產。其實，創新從來不是政府管出來的，有些事就該交給市場，最好的管理是不管，最好的產業政策是沒有。在食品安全、藥品品質、環境污染等方面有很多問題尚待解決，是政府該轉變職能的時候了。

＋政府補貼的產業：二〇一〇年許多人喜歡炒區域或行業政策，其實相關板塊的超額收益並不持久。研究一下過去五年漲幅十倍以上的個股，港股、美股的中國網路公司自不必說，看看工程機械、白色家電、地產、食品飲料等行業的龍頭裡出的十倍股，即可知好企業是市場裡競爭出來的，不是政府補貼出來的。

＋選馬，還是選騎師：二者各有道理。一個簡單的原則是：對小公司來講，騎師更重要一些；對大公司來講，「馬」本身的品質更有決定性作用。在A股上市公司中，好馬屈指可數，好騎師鳳毛麟角，所以我更傾向於選賽道——那些別人想進卻進不去的賽道、那些一馬平川沒有絆馬索的賽道、那些領跑者有先發優勢的賽道。

價值陷阱

價值投資最需要的是堅守，最害怕的是堅守了不該堅守的。金融危機時，花旗從五十五元跌至一元的過程就深度套牢了無數盲目堅守的投資者。關鍵是要避開價值陷阱。所謂價值陷阱，指的是那些再便宜也不該買的股票，因為其持續惡化的基本面會使股票越跌越貴而不是越跌越便宜。

有幾類股票容易成為價值陷阱。

第一類是被技術進步淘汰的。這類股票未來利潤很可能逐年走低甚至消失，即使市盈率再低也要警惕。例如數位相機發明之後，主業是膠捲的柯達，股價從一九九七年高點的九十多元，一路跌到二〇一三年不到一毛錢後退市，這就是標準的價值陷阱。即便諾基亞的按鍵機做得非常好，等觸控式螢幕手機發展起來，按鍵機就該退出歷史舞台了。早期黑莓手機（Blackberry）在華爾街不只是人手一個，而是人手兩個，但是技術進步後依然被淘汰。所以價值投資者一般對技術變化快的行業特別謹慎。

第二類是贏家通吃行業裡的小公司。所謂贏家通吃，顧名思義就是行業老大老二搶了老五老六的飯碗。在贏家通吃的行業裡，小公司一文不值。比如，網路搜尋引擎行業具備贏家通吃的屬性，谷歌價值很高，雅虎扣掉阿里巴巴後甚至是負價值，之前在一九九九年、二〇〇〇年湧現的一堆搜尋引擎，如 Ask Jeeves、Lycos、Excite@Home 等，最後都沒有成長起來。但是，內容產業就不是贏家通吃的屬性，例如騰訊和網易共占據約百分之八十的遊戲市場份額，但其他公司如果研發出一款暢銷的遊戲，依然可以很好地存活。餐館從某種意義上也屬於內容產業，因為每個人吃的食物不一樣，不可能全世界的人天天都吃麥當勞。

在全球化和網路的時代，很多行業的集中度提高是大勢所趨，行業龍頭在品牌、管道、客戶黏度、成本等方面的優勢只會越來越明顯，這時，業內的小股票即使再便宜也可能是價值陷阱。二〇一二年、二〇一三年市場爆炒小股票，認為小公司的增速自然比大公司更快，理由是大公司的基數高。其實這在大多數行業裡都是違反規律，因為大多數行業的集中度是越來越高的。集中度越來越高，說明行業裡的龍頭企業比其他企業增長更快，不然就是越來越分散。

我經常問研究員的一句話是「這個公司是越大越強，還是越大越難」。贏家通吃的行業都是越大越強的，如果是越大越強的行業，行業裡前兩名以外的公司價值就不大了。

第三類是分散的、重資產的夕陽行業。夕陽行業，意味著行業需求不再增長。這類行業裡有很多便宜的公司，但當行業需求不再增長時，分散的格局導致價格競爭激烈，重資產經營使得產能無法完全退出，這類企業的盈利能力非常差。這裡限定了夕陽行業的形容詞是「分散的」、「重資產的」，重資產意味著需求不增長的情況下產能無法退出（如果退出，投入的資產就會作廢）；分散意味著供過於求時行業可能無序競爭甚至價格戰。因此，這類股票的便宜是假像，因為其利潤可能將每況愈下。還有一些夕陽行業裡存在著不錯的企業，那些集中的、輕資產的夕陽行業裡可能會出現壟斷性的大企業，也是值得投資的。

第四類是景氣頂點的週期股。在經濟擴張晚期，低市盈率的週期股也常是價值陷阱，因為此時的頂峰利潤是不可持續的。對週期股價值的評估可以借助兩個概念，一個是常態化的盈利（Normalized Earnings），計算剔除了經濟週期波動後的企業盈利；另一個是盈利能力（Earnings Power），而不是某一時間的盈利數額，評估企業內在可持續的盈利水平。

週期股不只是鋼鐵、水泥等，其實成長股也是有內在週期性的，只是成長很快的時候它的成長性掩蓋了週期性。一條很長的直線，如果斜率很大，小的波動看起來就不影響大的增長趨勢。就像中國過去四十多年的經濟，內在的增速為九到十個點，很多人感覺不到經濟增速的階段性放緩。如果內在的增速降到三到四個點，一旦波動起來可能出現零增長甚至負增長，所以成長性經常掩蓋週期性。

第五類是有會計欺詐的公司。國外的會計欺詐通常能夠從報表中發現蛛絲馬跡，因為會計是複式的，如果某一處虛增了利潤，可能另一處就少了現金流，要麼高估了應收帳款價值，要麼高估了存貨價值。而國內有一些造假是赤裸裸的造假，可能報表顯示銀行存款三百億元，但其實一分錢都沒有，這種透過會計報表無法看出問題，已經不

投資微論

金玉之堂，莫之能守：《道德經》中的這句話，不妨當作對低門檻行業中所謂成長股的警示。低門檻行業的護城河窄而淺，城內如果滿是金銀財寶（高增長、高利潤），只能有一個結果：各路人馬都會攻入城中。因此，高增長必須有高門檻（品牌、管道、規模、資源、資質、核心技術）為後盾，否則容易引來惡性競爭。

是簡單的報表造假問題了。但是這類陷阱並不是價值股所特有的，成長股中的欺詐行為更為普遍。

最後一類是人不行、捧著「金飯碗」討飯的公司。「人不行」是廣義的，對大公司來講可能是組織不行、缺乏戰鬥力。公司已經擁有很好的護城河，但管理者卻不斷地吃老本。投資者經常被好資產、高利潤、低估值吸引，但最後踩坑，發現問題大都是人不行。

成長陷阱

許多人認為，買股票就是買未來，因此成長是硬道理，要買就買成長股。的確，最牛的股票一般都是成長股；然而，最熊的股票往往也是「成長股」。許多國家的股票市場（包括A股市場）的歷史資料表明，高估值成長股的平均回報遠不及低估值價值股，原因就在於成長陷阱比價值陷阱更常見。成功的成長投資需要能預測新技術走向的專業知識，能預判新企業成敗的商業眼光，以及能預知未來行業格局的遠見卓識。沒有多年摸爬滾打的細分子行業研究經驗和強大的專業團隊支持，投資者很容易陷入以下各種成長陷阱。

估值過高

最常見的成長陷阱是估值過高——高估值的背後是高預期。對未來預期過高是人之本性，然而期望越高，失望越大。統計表明，高估值股票業績不達預期的比例，遠高於低估值股票。一旦成長預期不能實現，估值和盈利預期的雙殺往往十分慘烈。應用材料公司（AMAT）是二十世紀九〇年代的大牛股，二〇一九年的股價比納斯達克泡沫破滅時的股價沒高多少，而它在半導體行業依然是世界最大的龍頭。它的主要問題是所處行業的週期性很強，當時估值過高，幾乎是週期的頂點。

技術路徑踏空

成長股經常處於新興行業中，而這些行業（例如太陽能、汽車電池、手機支付等）常有不同技術路徑之爭。即使是業內專家，也很難事先預見哪一種標準會最終勝出。這種技術路徑之爭往往是你死我活、贏家通吃的，一旦落敗，之前的投入也許就全打了水漂，這是最殘酷的成長陷阱。

二〇一〇年我們曾研究過移動支付，當時覺得移動支付是未來的方向，把研究重點落在近場通訊（NFC）採用何種技術，於是請了大量專家、花了大量時間來討論技術如何實現。後來移動支付並沒有用NFC，這是很典型的技術路徑踏空。有時候，技術路徑就連行業專家也很難準確把握，都是邊走邊看。

無利潤增長

上一輪網路泡沫中，無利潤增長大行其道，新品牌紛紛以燒錢、送錢為手段來博得關注。如果是客戶黏度和轉換成本高的行業（例如社交網路），在發展初期透過犧牲利潤實現贏家通吃，則為高明戰略；如果是客戶黏度和轉換成本低的行業，讓利帶來的無利潤增長往往不可持續。例如，O2O是很典型的燒錢模式，燒的過程中卻無法產生客戶黏性，燒不出競爭力，沒有看到明顯的網路效應和規模效應。

成長性破產

即使是有利可圖的業務，快速擴張時在固定資產、人員、存貨、廣告等多方面，也需要大量現金投入，因此現金流往往為負。增長得越快，現金流的窟窿就越大，極端情況導致資金鏈斷裂，引發成長性破產，例如拿地過多的地產商和開店過快的直營連鎖店（特別是未上市的）。以直營連鎖店生意為例，每一家小店開店十二到十八個月後就能夠收回投資，從單店的回報看是很好的生意；但是整個企業在擴張過程中，如果開店太快就可能出現資金鏈斷裂，從而發生成長性破產。

盲目多元化

有些成長股為了達到資本市場預期的高增長率，什麼賺錢做什麼，隨意進入新領域，陷入盲目多元化的陷阱，因此成長投資要警惕主業不清晰、為了短期業績偏離長期目標的公司。中國的上市公司很喜歡多元化發展，海外也有一些大企業多元化擴張失敗又回歸主業經營的例子。例如，麥當勞曾經嘗試過酒店業，可口可樂曾經嘗試過養蝦業，它們都親身經歷了多元化經營帶來的「坑」。當然，互補多元化（例如長江實業、和記黃埔）和相關多元化（橫向完善產品線和縱向整合產業鏈）的公司另當別論。

樹大招風

要區別兩種行業，一種是有門檻、有先發優勢的行業，成功引發更大的成功；另一種是沒門檻、後浪總把前浪打死在沙灘上的行業，成功招致更多的競爭。在後一種行業中，成長企業失敗的原因往往就是太成功了，樹大招風，招來太多競爭，蜂擁而至的新進入者使創新者剛開始享受成功，就必須面對無盡的跟風和山寨品。例如團購行業，由於其門檻低，稍有一兩家成功，一年內中國就有三千多家團購網站出現，誰也賺不到錢。即使是有門檻的行業，一旦動了行業老大的乳酪引來反擊，一樣死無葬身之地，例如網景流覽器（Netscape）的巨大成功引來微軟的反擊，最後下場淒涼。追隨者挑戰巨頭的時候要小心，不要太早顯露目的，以免遭到巨頭的封殺和圍剿。

新產品風險

成長股要成長，就必須不斷推陳出新，然而新產品的投入成本是巨大的，相應的風險是巨大的，收益卻是不確定的。強大如可口可樂，也在推新品上栽過大跟頭。穩健的消費股尚且如此，科技股和醫藥股在新產品上吃的苦頭更是不勝枚舉。科技股的悲哀，是費了九牛二虎之力開發出來的新產品常常不被市場認可；醫藥股的悲哀，則是新藥的開發週期無比漫長、投入巨大，而最後的成敗即使是業內專家也難以事先預知。

寄生式增長

有些小企業的快速增長，靠的是「攀附其他產業」，例如蘋果產業鏈上的很多零組件公司，隨著蘋果手機銷量高速增長，當年A股很多電子大牛股相繼誕生。但最終因缺乏自身的核心競爭力和議價權，無法保證持續獲得新訂單，業績面臨波動和下滑的壓力。其實，寄生式增長往往不具有持續性，因為其命脈掌握在他人手中，企業自身缺乏核心競爭力和議價權。但有些核心零組件生產商在自己的領域內達到寡頭壟斷地位，讓下游非買不可，提高自己產品的轉換成本讓下游難以替換，或者成為終端產品的「賣點」（如英特爾），這些事實上已經具備核心競爭力和議價權、成為「項尖龍頭」的另當別論。

強弩之末

許多所謂的成長股其實已經過了成長的黃金時期，卻依然享有高估值，因為人們往往犯了過度外推的錯誤，誤以為過去的高成長在未來仍可持續。一些前期高速增長的公司估值下降後，投資者以為此時購入很便宜，但是此時其基本面的增速放緩還未體現，所以後續又會出現估值被動提升的現象。那時的低估值只是比前期的高估值低了一些，但如果

投資微論

成長的持續性：管子說：「不為不可成，不求不可得，不處不可久，不行不可復。」投資者總是過於關注成長的暴發性而忽視成長的可持續性。其實暴發性成長本質上具有不可預知性和不可重複性，就像彩票一樣，總有人中，但一定不是你。投資，寧要有門檻的低增長，不要沒門檻的高增長，因為前者可持續，而後者難維繫。

和未來相比，低估值可能已是強弩之末，因為成長週期的頂點已過，後續很可能是雲霄飛車式繼續向下的過程。因此，買成長股時，對行業成長空間把握不當、對滲透率和飽和率跟蹤不緊，就容易陷入成長陷阱而支付過高估值。

會計造假

價值股也有這個陷阱，但是成長股中這個問題更普遍。一個是市場期望五十％增長的成長股，另一個是市場期望十％增長的價值股，哪個更難做到？做不到時，為避免大衛斯雙殺，五十倍市盈率的成長股和十倍市盈率的價值股，哪一個更有動力去「動用一切手段」來達到市場的預期？另一方面，成長股的很多業務無法清晰地拆分計算，因而相對更容易造假。價值

投資微論

估值：常有人說，便宜沒好貨，好貨不便宜，便宜的好公司難找。其實，你只要看看那些在品牌、管道上占盡優勢的龍頭白馬股的低估值，再看看那些主業毫無競爭力的概念股高估值就會發現，A 股中股票估值的高低與公司品質的好壞關係不大，確實有許多便宜的好貨和昂貴的贗品並存。

股通常是比較成熟的行業，虛增業務利潤容易被拆穿。

各類價值陷阱的共性，是利潤的不可持續性；各類成長陷阱的共性，是成長的不可持續性。成長是個好東西，好東西人人想要，想要的人太多了，就把價格抬高了。而人性又總把未來想像得太美，預期太高，再好的東西被過度拔高後也容易失望，失望之後就變成陷阱了。成長本身並不是陷阱，但人性的弱點中對未來成長習慣性地過高預期和過高估值，卻是不折不扣的陷阱。

「黃金坑」還是「融化中的冰棒」

號稱要做價值投資的人非常多，最後做成功的人非常少。大多數沒成功的人是因為什麼原因呢？主要是掉到了價值陷阱裡。有很多股票看上去很便宜，你認為是一個「黃金坑」，後來發現「坑」是有的，但「黃金」沒看到。

公司是否便宜相對而言比較好判斷，看到很便宜的股票，怎麼區分它是黃金坑還是價值陷阱？這是我們要探討的問題。便宜通常是有原因的，可能它就應該這麼便宜，而且可能在未來會變得越來越便宜。這有點像一根正在融化的冰棒，你拿在手中它就不斷地融化。

下跌的原因有很多種，有的是估值縮水，有的是基本面出現問題，有的是邏輯被破壞。價值陷阱大部分的問題主要出現在內在邏輯被破壞，這樣整個公司的護城河、核心競爭力逐步喪失，整個公司要麼被時代淘汰，要麼被對手打敗，這種大多數是價值陷阱。如果是因為業績短期內出現問題而下跌，那麼等業績修復以後價格還會重新恢復。如果是估值太高而下跌，有可能這個公司本來就只能支撐二十倍估值，卻被炒作到五十倍的估值，從五十倍降到二十倍的過程，其實是估值回歸合理水準的過程，那麼這種估值的下降是永久性的。

我們需要理解什麼是永久性的下跌，什麼是暫時性的調整。如果是暫時性因素導致的便宜，這檔股票很可能是「黃金坑」；如果是永久性原因導致的便宜，這檔股票很可能是價值陷阱。所以，我們要反覆確認是不是永久性原因導致的便宜，以免掉進價值陷阱。任何股票的下跌或者任何股票的便宜都是有原因的，比如銀行長期處於低估值的狀態，因為大家總覺得銀行有壞帳，或者是長期面臨金融非中介化的壓力，企業未來可能不需要透過銀行間接融資，可以在債券市場直接融資。了解市場的擔憂點之後就能找到相應的解決方案，比如選擇資產負債表最強、壞帳趨勢正在改善的銀行。如果找到了每一個公司便宜的原因，就能判斷相應的股票是價值陷阱還是「黃金坑」。

我們可能面臨一個問題，花五毛錢的價格買了價值一元的東西，買完之後它的價格進一步跌至四毛甚至三毛，這個時候我們就需要判斷究竟是決策錯誤，還是市場只是從低估變成進一步低估。

價值投資有一定的風險，即使前面做對了十次，只要最後一次被套進去就很可能血本無歸。趨勢投資是可以不斷止損的，每一次錯誤最大的損失是有限的。所以，從這個意義上看，價值投資的風險比趨勢投資更大。因為價值投資缺乏自我糾錯的功能，所以實踐者必須是強者思維，而不是弱者思維。弱者思維的思路是當市場跌下來時要尊重市場，例如跌幅超過百分之十五就減倉，不管市場下跌是出於什麼原因。相反，價值投資者需要判斷是市場錯了，還是自己錯了，需要做的是止錯而非止損，這是兩者之間的區別。

有時候拉長投資週期看，價值投資者的決策是正確的，但可能市場階段性選擇的方向與價值投資者選擇的方向是相反的。如果沒有原則和信念，過程中很可能無法堅持。所以，我們需要不斷地總結經驗，逐漸明白市場短期波動與投資邏輯錯誤之間的區別，才不會錯誤地堅持了不該堅持的方向，離真理越來越遠。

08

真假風險與安全邊際：分辨風險與回報的止損點

股市如圍城，城內的人在往外逃，城外的人在往裡衝。有人辭官歸故里，有人漏夜趕科場。

過兩年回頭看，就會明白那句老話：股市永遠是有錢的人獲得更多經驗，有經驗的人獲得更多錢的地方。

投資一點通

＋品牌 vs. 管道：我近日在研究某消費品股票時，比較了兩家公司，一家在品牌上有優勢，另一家在管道上有優勢（三四線城市布點多）。在網路時代，品牌的優勢比管道的優勢更重要。因為隨著網購物流配送體系的完善，管道的優勢會漸漸淡化；而隨著媒體受眾的碎片化，塑造一個品牌的成本已大幅上升。

＋看歷屆龍頭行業有感：砸錢只能砸出知名度，砸不出美譽度。品牌的形成需要時間積累，所謂三代出一貴族。廣告越來越貴，但效果越來越差。新塑品牌越來越難，所以既有品牌越來越值錢。消費電子產品技術變化快，廣告砸錢CP值差，砸了一堆錢後剛有知名度，產品更新換代了，又得重新砸錢。

真假風險

人們常說高風險高回報，低風險低回報。其實，風險和回報常常不成正比。投資不可能不承擔風險，成功的投資就是要承擔那些已經暴露、大家都感受到、有相應風險折價但是真實危險性卻很小的「假」風險。

1 感受到的風險和真實的風險

風險有兩種，一種是感受到的風險，另一種是真實的風險。股票暴漲後，真實的風險上升，感受到的風險卻在下降，在六千點股市最危險的時候，大家感受到的都是歌舞昇平；股票暴跌後，真實的風險下降，感受到的風險上升，在二千點股市相對低谷時，人們感受到的卻都是淒風苦雨。搭飛機與搭汽車相比，相同的距離搭汽車的死亡率是搭飛機的六十多倍，但是有飛行恐懼症的人很多而害怕搭汽車的人卻很少。搭飛機感受到的風險大，但是真實風險小（出事的概率只有六百萬分之一），所以賣航空保險是一門很好的生意。

2 暴露的風險和隱藏的風險

從另一個角度看，風險可以分為暴露的風險和隱藏的風險。我們要承擔暴露的風險，因為人們已經對其避之唯恐不及，危險性已經反映在價格裡了，承擔這樣的風險會有相應的高回報。此外，我們還要避開隱藏的風險，因為人們還沒有意識到它的存在，承擔這樣的風險沒有相應回報。九一一事件發生後人們都不敢坐飛機了，其實二〇〇一年九月十二日與二〇〇一年九月十日相比，暴露的風險大了但是隱藏的風險小了——之後的十年是美國航空史上最安全的十年。九一一之後數月，許多人以駕車代替搭乘飛機，高速公路車禍中的死亡人數比往年增加了一千五百人。

能否區分真假風險，往往也體現了一家機構的文化和水準。一九八七年十月，美國股市一天狂瀉百分之二十三，高盛的風險套利部門損失慘重，羅伯特·魯賓（Robert Rubin）微笑著對團隊說：「公司對你們充滿信心，如果你們想加倉的話，就去做吧。」形成鮮明對比的是，其競爭對手所羅門美邦（Salomon Smith Barney）在黑色星期一之後解雇了套利部門的所有員工。

其實，黑色星期一之後暴露的風險很大，但是隱藏的風險不大；感受到的風險很大，但是真實的風險不大。能區分並利用這兩種風險的不同，是成功投資的必要條件。

3 價格波動的風險和本金永久性喪失的風險

再換個角度看，風險還可分為價格波動的風險和本金永久性喪失的風險。當市場在五千多點時，股價「天天向上」、風平浪靜，價格波動的風險貌似不大，但本金永久性喪失的風險卻十分巨大；當市場在二千點時，股價「跌跌不休」、波濤洶湧，價格波動的風險好像很大，但本金永久性喪失的風險卻已急劇縮小。美國的ＶＩＸ指數衡量的就是市場的波動性，每次市場觸底伴隨著的都是ＶＩＸ的高點，也就是市場波動性最大的時候。為什麼人們常常會在底部斬倉呢？這是因為市場底部往往也是市場波動最劇烈的時候，大多數投資者承擔股價波動風險的能力是很弱的，並且常常在市場底部把波動性風險混同為本金永久性喪失的風險。

有個故事說一個失戀的人找到一個老和尚，他說師父啊，這件事情我怎麼都放不下，老和尚就讓他拿著一只茶杯，給他倒熱水，水滿了燙到他的手，他就把杯子放了下來，老和尚說，這件事情就跟這杯茶是一樣的，痛了就放下了。很多人做股票也是一樣的，漲了，爽了，就滿倉；跌了，痛了，就清倉。低點低倉位、高點高倉位就是這麼來的。其實，對於逆向投資者來說，最痛的時候，往往是最不該放手的時候。正如索羅斯所說，如果你承受不了失敗的痛苦，就不要入市，因為沒有人能夠百戰百勝。

然而，對於管理他人資產的職業投資者來說，市場波動的風險卻是實實在在的風險，並且在客戶贖回或者風控強制止損時，就會轉化為本金永久性喪失的風險。所以，對於每一個基金經理來說，成功的前提是管理適合其投資風格的產

投資微論

兩種風險：一是股價短期波動的風險，二是本金永久性喪失的風險。股價下跌的過程中，第一種風險在加大，第二種風險在減小。很多人只到第一種風險，於是追漲殺跌，往往在最低點把股票清倉，其實第二種風險才是真正的風險。低估值的好公司，即使短期波動在所難免，本金永久性喪失的風險也很小。

品，以及找到適合其投資風格的客戶群。

安全邊際

管理投資風險的一個重要方法，就是尋找有安全邊際的公司。有安全邊際的公司通常具有以下幾個特點。

1 東方不亮西方亮，給點陽光就燦爛

有個段子說做豆腐最安全：做硬了是豆腐乾，做稀了是豆腐腦，做薄了是豆腐皮，做沒了是豆漿，放臭了是臭豆腐。在未來的多種情景中，只要實現一種就能賺錢，東方不亮西方亮，這就是安全邊際。對未來要求太高的股票是沒有安全邊際的，正如《美國士兵守則》所說，必須組合使用的武器一般都不會被一起運來。二〇一〇年買工程機械股時，我心裡想著：機械替代人工、保障房、城鎮化、產業升級、產業轉移、產能擴張、中西部大開發、進

口替代、國際化、「走出去」戰略，哪一條能實現對工程機械都是利好，這就是東方不亮西方亮的安全邊際。

2 估值低到足以反映大多數可能的壞情況

低估值是安全邊際的重要來源。未來總是不確定的，希望越高，失望越大。低估值本身反映的就是對未來的低預期。只要估值低到足以反映大多數可能的壞情況，未來低於預期的可能性就很小了。很多人說，高風險高回報，低風險低回報。其實，低估值帶來的安全邊際是獲得低風險高回報的最佳路徑。價值一塊錢的公司，五毛錢買入，即使後來發現主觀上對公司的估值出現百分之三十偏差，或者客觀上公司出了意外導致價值受損百分之三十，兩種情況下該公司仍值七毛錢，投資者仍不吃虧，這就是低估值帶來的安全邊際。

3 有「冗餘設計」、有「備用系統」來限制下跌空間

安全邊際好比工程施工中的「冗餘設計」，平日看似冗餘，災難時才發現不可或缺，例

如核電站僅有備用發電系統是不夠的，最好還能有備用的備用。現實生活中百年一遇的災害，可能十年發生一次，股市更是如此。鋌而走險雖然能在許多時候增加收益，但是某天你會發現「出來混，遲早是要還的」。零乘以任何數都是零，所以特別要警惕毀滅性風險。垃圾股如果沒有更大的傻瓜接下「接力棒」，股價是沒有「備用系統」支撐的。博傻遊戲玩久了，騙子越來越多，傻瓜就不夠用了，還不如在低估值和基本面的雙重保險中尋找安全邊際。

4 價值易估，不具反身性，可越跌越買

有安全邊際的公司通常業務簡單，價值易估，不具有反身性。索羅斯所說的反身性，是指股價下跌本身對公司基本面有負面作用，易形成自我強化的惡性循環。例如貝

投資微論

鼻莫如大，目莫如小：韓非子說，雕刻的原則是鼻子不如先做大一些，眼睛不如先做小一些，因為「鼻大可小，小不可大也；目小可大，大不可小也」。凡事要留有餘地，做投資也一樣，因為市場總是天有不測風雲。沒有足夠的安全邊際時，別抱著僥倖心理孤注一擲。沒有把握時，不妨均衡配置，先處不敗，而後求勝。

爾斯登股價跳水會導致交易對手「擠兌」，有反身性，故不能越跌越買；可口可樂股價跳水絲毫不影響它賣飲料，無反身性，故可越跌越買。

止損

保羅．鐘斯（Paul Jones）是我最尊敬的對沖基金經理之一，他的座右銘是「失敗者才在虧損股上越跌越買、攤低成本」。對於趨勢投資者而言，止損不止蠃是短線交易的第一法則，自不必多說。那麼，對於價值投資者而言，應該如何對待虧損股呢？止損、死扛，還是越跌越買？

要回答這個問題，我們先回顧一下賣股票的三個理由：基本面惡化、價格達到目標價、有更好的其他投資。換句話說，價值投資買的就是便宜的好公司，所以賣出的原因就是：公司沒有想像的好、不再便宜、還有其他更好更便宜的公司。這三個理由均與是否虧損無關。

許多人潛意識中把買入成本當作決策依據之一，產生了常見的兩種極端行為：一種是成本線上，一有風吹草動就鎖定收益；成本線下，打死也不賣。另一種是成本線上無比激進，因為賺來的錢賠了不心疼；成本線下無比保守，因為本錢虧一分也肉痛。這兩種極端都是人性中的「心理帳戶」在作祟。

忘掉你的成本，是成功投資的第一步。全市場除了你之外，沒有人知道或關心你的買入成本，因此你的成本高低、是否虧損對股票的未來走勢沒有絲毫影響。保羅．鐘斯在判斷哪些股票是失敗者的時候，並不是從自己的成本，而是股價的近期高點起算的——那才是人人都看得見的參照點。

忘掉成本，也就不存在虧損股和盈利股的區別，也就不會總希望在哪裡跌倒就在哪裡爬起來。許多人在某檔股票上虧了錢，總想從這只股票上賺回來，結果是在哪裡跌倒就在哪裡趴著，反而錯過了很多其他機會。投資就是個不斷比較不同股票

投資微論

收縮戰線：市場調整時，我習慣的應對方法是花更多時間把組合裡的個股梳理一遍，多讀幾篇報告、多想幾個問題、多和研究員討論、多和管理層溝通，然後減少持股個數，把籌碼集中到那些核心優勢最強、估值最低、自己研究最透、敢越跌越買的十到十五檔股票中。拳頭縮回來是為了更好地打出去。

的過程，與成本無關。

熊市末期，價格顯著低於價值，常常吸引價值投資者買在底部的左側，這時候止損就容易倒在黎明前的黑暗裡。然而，不止損就有潛在毀滅性風險的問題，不可不慎。所以，不止損是有很嚴格的前提條件：必須避開各種價值陷阱；所買的股票有足夠安全邊際；所承擔的只是價格波動的風險，而非本金永久性喪失的風險。上一章和本章其實就是試圖回答這樣一個問題：什麼條件下可以死扛，什麼條件下必須止損。對投資者而言，這是個生死攸關的問題。比爾．米勒（Bill Miller）在輝煌了十五年之後晚節不保，在第十六年把前十五年的超額收益悉數退還給市場的前車之鑒，值得每個投資者深思。

投資微論

食品安全的資產組合理論：我們公司的食品飲料研究員從業多年，曾是新財富最佳分析師前三名。關於食品安全，他有一個簡單易行的對策：什麼都吃，什麼都不多吃。此舉可以保證任何食品的安全出問題時都不至於受到太大傷害。這有點像資產組合對個股風險的分散，因此我戲稱其為「食品安全的資產組合理論」。

09

認識價值投資的侷限性：投資致勝的必經之路

葛拉漢投資時特別強調低估值，有人批評這種做法是「撿煙屁股」，不過考慮到他所處的大蕭條時代就不難理解這一選擇。當大多數人買不起麵包時，品牌、成長性、定價權只能是空話。當時很多股票的市值低於其流動資產減去負債，這種背景下強調買絕對便宜的股票是正理。每個成功者的投資理念都帶有一定的時代烙印。

投資一點通

+騎馬找馬：二〇一三年白馬股受冷遇，黑馬股受追捧，二者的估值差已近十年高點。其實，白馬股在品牌、管道、成本和管理等方面的競爭力遠優於黑馬股。放著低價白馬股不買，偏買高價黑馬股，夢想黑馬能成長為下一個白馬，這豈不是騎驢找驢，騎馬找馬？

+一月風向標：在中國A股過去的二十多年中，有百分之八一的時間股市全年走勢與一月份的走勢在漲跌方向上是一致的，準確率勝過所有的策略分析師和經濟學家。無獨有偶，美國過去六十多年中，「一月晴雨錶」的正確率也是百分之八十，所以華爾街有個諺語叫「一月定全年」。中國股市自成立至二〇一四年，有十一年的一月份是上漲的，其中，有九年出現了全年股市上漲，例如二〇〇六、二〇〇七和二〇〇九年的一月份都是上漲的。相對照的是，在一月份下跌的十年中，有八年全年股市下跌，例如二〇〇八、二〇一〇和二〇一一年。

很多人認為價值投資是放之四海而皆準的投資方法，應該在任何情況下都無條件地堅持。**事實上，價值投資有其特定的適用範圍和條件，清楚地認識到價值投資的侷限性，是成功投資的必經之路。**

簡單地說，價值投資就是當股票價格低於公司內在價值時買入，當股票價格高於內在價值時賣出。**因此，價值投資的第一個基本條件：所買公司的內在價值應該是相對容易確定的。**為什麼巴菲特只買商業模式簡單並且跟人們日常生活息息相關的公司？道理很簡單，這些公司的未來盈利增長非常穩定，因而其內在價值很容易被確定。

巴菲特最成功的投資大多在日常消費品領域，例如可口可樂、寶潔、吉列刀片和青箭口香糖等。如果把這些公司的歷史盈利狀況以圖表示，幾乎就是一條斜向上的直線。相反的，有很多行業，其未來的現金流幾乎可以說是不可預測的，因此很難對公司的內在價值進行有意義的估測。這種情況下，趨勢投資往往更為合適。例如，在有色行業中，礦山的儲量也許可以估計，但是這些儲量未來幾十年什麼時候能挖出、挖出後以什麼價格售出，幾乎是不可預測的，因此市場上有色股的走勢常常是順著其對應的金屬價格趨勢而動，與其內在價值關聯不大。

大多數的外匯交易員也都是趨勢投資者，因為界定一種貨幣的內在價值幾乎是不可能的事。值得一提的是，在多數新興行業和新興市場國家，股票價格很大程度上是體現未來的增長，因此很難界定其內在價值，一個極端的例子是二十一世紀初的網路行業。縱觀今天的A股，很多行業、公司存在同樣的問題，因此奉行價值投資不宜生搬硬套。

價值投資的第二個基本條件：所投資公司的內在價值應該相對獨立於股票價格。看看巴菲特投資的可口可樂、寶潔等公司，無論股票價格怎麼跌，都不會影響到公司業務的正常開展。相反，有些公司一旦股價跳水，直接影響到公司業務的開展，例如貝爾斯登和雷曼，一旦股價跌幅超過一定程度，大批的對沖基金停止與其交易，並提出提款要求（實際上就是擠兌）。這種情況下，公司的內在價值可以在一夜之間蒸發殆盡，再堅持越跌越買是非常危險的行為。

索羅斯一再強調的反身性，本質上就是價格對價值的這種反作用力。在一定條件下，這種反身性會自我加強，導致惡性循環，因而股價表現會大大出乎價值投資者的意料。美國很多傑出的價值投資者在二〇〇八年血本無歸，就是沒有認識到反身性的力量。A股中也有一些公司的內在價值依賴股票價格，最典型的是德隆系靠高價格的股票獲取抵押貸款來進行外延式擴張，一旦股價崩盤，公司就灰飛煙滅。

價值投資的第三個基本條件：要在合適的市場階段採用。牛市的上半段往往更適合價值投資者。牛市剛開始時，悲觀情緒瀰漫，許多股票價格被嚴重低估，此時正是價值投資者大展拳腳的好時機。到了牛市下半場，估值從合理水準向高估邁進，堅定的價值投資者往往對股市的泡沫充滿警惕而提前清倉出場，反而是趨勢投資者更能順勢而為，遊刃有餘。

和大多數新興市場一樣，中國股市歷來都是漲的時候超漲，跌的時候超跌。牛市中期以後，股價一般已經高於

投資微論

三種投資風格：價值投資和成長投資的區別，在於價值投資者認為未來充滿不確定性，因此公司的價值應該主要來自現有的資產、利潤和現金流；成長投資者認為買股票就是買未來，因此成長性是企業價值的主要來源。兩者都兼顧一點的中間派是 GARP（Growth at Reasonable Price，合理估值的成長投資）。

公司的內在價值，但這並不意味著股市會見頂。嚴格地遵循價值投資，往往容易錯過牛市下半場。熊市中場也是價值投資的陷阱，價值投資者容易抄底抄在半山腰，花旗銀行的股價從六十美元跌至一美元的過程中就套牢了一大批試圖抄底的價值投資者。

價值投資的第四個基本條件：選取合適的投資期限。價值投資實現收益的前提條件，是股票價格會向其內在價值靠攏。在現實生活中，價格偏離價值是常態，價格回歸到價值往往需要漫長的等待。因此，價值投資一般更適合長線投資。如果能像巴菲特那樣投資期限是十年以上，也就不用擔心第三個條件中提到的市場階段問題了，因為十年足以跨越牛熊市場週期。相比之下，趨勢投資更適合中短線投資者。A股市場中許多投資者理念上對價值投資倍加推崇，操作中卻常常快買快賣做波

投資微論

價值投資的兩種定義：第一種定義是相對於投機而言，強調價格低於價值，其實就是投資。巴菲特說「所有的投資都應該是價值投資」就是此意。另一種是相對於成長投資而言，強調買的公司需有資產、利潤和現金流，而不僅僅是用未來成長的可能性來支撐其價值。海外機構用的大多是第二種定義。

段。這樣的投資者不如全心全意去研究趨勢投資，追漲殺跌，更有可能獲得超額收益。

講價值投資的侷限性，並不是貶低價值投資；相反，過去十年我一直都是價值投資的堅定實踐者，也正是在實踐價值投資的摸爬滾打中，才認識到因地制宜、因時而異的重要性。對於任何一種投資方法，只有認識了其侷限性，才能提高應用的有效性。

10

四種週期、三種槓桿，行業輪動時機的把握

對有色股談價值投資無異於對牛彈琴，唯一重要的就是趨勢，包括大宗商品的趨勢和有色股價的趨勢。

投資一點通

＋未來中國的行業趨勢：中國在可預見的未來，不太可能出現下一個輝瑞、下一個沃爾瑪，但出現下一個開拓重工、下一個三星還是有希望的。從國際分工看，每個國家都有自己的比較優勢，這是國際貿易帶來的必然結果。而且一個國家的長期牛股與其比較優勢是一致的，如巴菲特在美國買消費和金融，這是美國的優勢行業；但巴菲特在亞洲買的則是浦項鋼鐵、中石油、比亞迪這些在亞洲具有比較優勢的行業和公司。

＋有品牌優勢的消費股：我更看好有品牌優勢的消費股，這與如今媒體碎片化的現狀有關。十年前有一半的人都在看中央電視台節目，那時廣告的效果就好，現在大家看手機、玩微博、打遊戲，分散的受眾決定了重塑一個品牌的難度更大，成本也更高，所以品牌的護城河作用也就更不易被替代。

＋國家的比較優勢：一個錯誤的邏輯是，因為美國的醫藥股占其總市值的百分之十三以上，所以中國未來也要如此。為什麼義大利的醫藥股只占總市值的百分之一不到，卻湧現了亞曼尼、PRADA等奢侈品牌？難道義大利沒有老齡化嗎？這只是因為不同國家的比較優勢不同罷了。

對於大資金來說，行業配置對總體投資收益的影響，常常比精選個股更為重要。一個好的薦股邏輯包括三點：估值，這檔股票為什麼便宜（估值水準與同業比、與歷史比；市值大小與未來成長空間比）；品質，這家公司為什麼好（定價權、成長性、門檻、行業競爭格局等）；時機，為什麼要現在買（盈利超預期、高階主管增持、跌不動了、基本面轉捩點、新訂單等催化劑）。同樣的道理，行業配置的邏輯框架也不外乎估值、品質和時機這三個要素。

估值是最容易的部分，哪個行業便宜、哪個行業貴，一目了然，只是大家都把便宜的行業當作夕陽行業而不願意買罷了。

行業的品質則稍難把握，簡單地說就是好行業賺錢不辛苦、壞行業辛苦不賺錢；複雜點說也無非是行業門檻、行業集中度、行業對上下游的定價權等老生常談的東西。

本章的重點是第三個要素：行業輪動的時機。在三要素中，時機是最難掌握的，往往需要投資者對經濟週期和市場週期進行前瞻性判斷。我一九九九年進入基金業的第一份工作是定量分析師和策略分析師，之後數年分析了多個國家的多個經濟週期和股市熊牛替換的大量資料，也做了一些關於行業輪動時機選擇的粗淺思考，總結出一些自以為有點規律性的東西，概括為「四種週期、三種槓桿」。二〇〇九年三月，我剛加入南方基金不久，曾在內部季度策略會上給同事們就此話題做過一次介紹，以下是節選的部分內容。

1 四種週期

1 政策週期
2 市場週期（估值週期）
3 經濟週期
4 盈利週期

在市場的不同階段，這四種週期的演變速度和先後次序是不同的。熊末牛初，股市見底時這四種週期見底的先後次序是：

- 政策週期領先於市場週期。在貨幣政策和財政政策放鬆後，市場往往在資金面和政策面的推動下進行重新估值。
- 市場週期領先於經濟週期。美國歷史上幾乎每次經濟衰退，股市都先於經濟走出谷底

（二〇〇一年的衰退除外）。

- 經濟週期領先於盈利週期，換句話說，宏觀基本面領先於微觀基本面。過去七十多年中，美國的經濟衰退從未長於十六個月，但是盈利下降經常持續二到三年甚至更長。
- 熊末牛初，判斷市場走勢，資金面和政策面是領先指標，基本面是滯後指標。熊市見底時，微觀基本面往往很不理想，不能以此作為低倉的依據。如果一定要等到基本面改善才加倉，往往已經晚了。

2 三種槓桿

1 財務槓桿：對利率的彈性
2 運營槓桿：對經濟的彈性
3 估值槓桿：對剩餘流動性的彈性

- 第一階段：熊市見底時，經濟仍然低迷，但是貨幣政策寬鬆，利率不斷降低，常常是財務槓桿高的企業先見底。此時，某些高負債的競爭對手已經或者正在出局（破產或者被收購），剩餘企業的市場份額和定價權都得到提高。

- 第二階段：經濟開始復甦，利率穩定於低位，此時的板塊輪動常常是運營槓桿高的行業領漲，因為這類企業只需銷售收入的小幅反彈就能帶來利潤的大幅提升，基本面的改善比較顯著。
- 第三階段：經濟繁榮，利潤快速增長，但是股票價格漲幅更大，估值擴張替代基本面改善成為推動股價的主動力，此時估值槓桿高，有想像空間的股票往往能夠領漲。
- 第四階段：熊牛替換時，不要太在意盈利增長的確定性，而應該關注股票對各種正在改善的外部因素的彈性。所謂的改善，並不一定是指正增長，也可以是下降的速度放慢，或者下降的速度低於預期。

3 週期分析

牛市和熊市是四個週期和三個槓桿的博弈與互動。

- 有週期性就表明有可預測性。只有認識了四種週期的先後順序和相互間的作用，才能在牛熊更替中作出有前瞻性和預見性的判斷。

- 有槓桿，股價的波動幅度就常常會出人意料的劇烈，投資者往往因忽視了槓桿的力量而低估了股價的波動幅度，在牛市初期認為股價的上漲超出了基本面的支持。只有認識了槓桿的力量，才能認識到股價的波動和基本面的波動是不成正比的。
- 投資週期性股票，一定要在炮火聲中買進，在煙花聲中賣出。例如，消費者信心低迷時，通常是買入可選消費品股票的好時機。
- 當股市經過大跌達到合理的估值水準之後，開始在資金面和政策面的推動下上漲，這時不應該過多地擔憂基本面（這就是華爾街常說的翻越憂慮之牆）。熊市見底時，基本面總是很不理想，呈現出所謂黎明前的黑暗。

幾年後回頭看，四種週期所對應的政策底（二〇〇八年八月）、市場底（二〇〇八年十一月）、經濟底（二〇〇九年三月）和盈利底（二〇〇九年六月）在上一輪熊牛替換中得到了市場的依次驗證。

這一輪的市場啟動則有所不同。此次政策底在二〇一一年十一月三十日首次「降準」時出現，之後二〇一二年一月初的二一三二點當時看似乎是市場底，但是距離政策底的時間太短、調整幅度太小，後來沒能守住（當然，即使把二一三二點當作市場底，能堅定持有到現在也不吃虧）。最後的市場底目前看是到二〇一二年十二月五日的一九四九點才出現，與政策底相差整整一年。究其原因，主要是這次政策放鬆的力度大大低於市場預期，而且後面沒有持續的放鬆政策跟進。二〇一二年下半年的上海銀行間拆放利率還是上升的，說明貨幣政策的放鬆在下半年基本停滯，在這樣的貨幣政策環境下，市場底延後出現也就不足為奇。

儘管市場底的出現遲於往常，但是三種槓桿的輪動到目前為止似乎還是依次展開了。高財務槓桿的金融地產從二〇一一年十一月三十日的「降準」之日起，開始有較明顯的相對收益。一些高運營槓桿的週期股（例如水泥、汽車等）也在二〇一二年九月起，領先市場三個月見底，之後大幅地跑贏了股指。隨著經濟見底復甦的跡象越來越明顯，市場輪動明顯加快。

必須指出的是，運營槓桿高的行業裡許多是低盈利、高波動、沒有定價權的爛行業。實際上，利潤率低的行業的運營槓桿正是最高的，百分之一的淨利潤率回升到百分之三，就是三倍的利潤增長，這種週期性的利潤復甦往往是股價上漲的短期驅動力。在前文二〇〇九年三月的介紹節選中，得出的結論是推薦運營槓桿最高、彈性最大的板塊——按當時的標準是鋼鐵和航運，這恐怕整個股市中最爛的行業了，高度產能過剩且沒有產能退出機制，導致行業長期淨利潤率極低。之後的四個月內，航運和鋼鐵的一些龍頭股票上漲超過了百分之一百，但是如果沒有及時賣出，長期持有難免血本無歸。這種爛行業只能做波段，買對還得賣對，刀口舔血的活兒，只適合在經濟有強復甦、股市有大行情的背景下進行。

然而，目前中國經濟的內、外部條件與二〇〇九年時有著明顯差異。簡單地說，這一次經濟復甦的力度可能明顯小於二〇〇九年。當時有四萬億元的項目和十萬億元的貸款洶湧而出，還有美國正在展開的定量寬鬆政策，目前這兩個條件都不具備。雖然有歐洲和日本的貨幣寬鬆政策，但是對以美元計價的大宗商品價格走勢的影響大不如前，因此對許多資源導向的發展中國家的經濟促進力也大不如前。另外，過去兩年的經濟下行，只有去庫存沒有去產能，同時中國成本優勢的削弱大大降低了實體經濟產能擴張的意願，這些因素都限制了復甦的強度。在這樣小週期的背景下，強週期的行業還能有多大空間值得斟酌。相比之下，金融地產仍是CP值最高的週期股。目前，金融地產在估值和品質方面明顯占勢，強週期行業在時機方面也許占勢（如果你相信強復甦和大牛市的話），也許不占勢（如果你認為是弱復甦和中級反彈的話）。權衡再三，金融地產的勝算似乎更高些，特別是市場化管理的股份制銀行和不怕調控的龍頭地產股，其中一些「地產＋X」的公司可能更具估值修復和盈利改善的空間。如果是弱復甦，低估值、高定價權的金融地產明顯更有安全邊際；如果是像二〇〇九年那樣的強復甦，其實當年金融地產的漲幅也並不弱於其他強週期股。

單純行業輪動的時機選擇，是個吃力不討好的苦差事，能做對的總是少數，必須結合估值和品質綜合考量。

儘管本章主要探討的是時機選擇的工具，正確的做法其實

投資微論

價值投資者 Vs. 趨勢投資者：價值投資者的悲劇常是買早了，下跌後沒守住；趨勢投資者的悲劇常是賣晚了，下跌後又捨不得斬倉。價值投資者一般是左側投資者，既然悲劇常是買早了，那麼建倉宜緩，不妨等負面消息出來股票也不跌時再買。趨勢投資者是右側投資者，既然悲劇常是賣晚了，那麼斬倉就要狠，因為趨勢一旦破了就難修復。

應該是淡化時機選擇（要素三），把投資的立足點牢固地建立在便宜的好公司上（要素一和二）。因為只有估值和品質才是投資中能夠把握的事，時機的選擇更多只是盡人事、聽天命罷了。

投資隨想錄

我是這樣投資的：經驗傳承與分享

1 泡沫

我入行的那年正趕上網路泡沫，那是有史以來價值投資最受質疑的一年。納斯達克從二千五漲到五千點，巴菲特的伯克希爾股價卻跌了百分之五十，媒體上充滿對巴菲特「廉頗老矣，尚能飯否」的討論，他的年會也不像現在這樣門庭若市，那一年公司的業績排名自然很不理想。那年呼風喚雨、點石成金的網路先鋒，泡沫破滅後大多成了先烈。如果更多的人記得那段歷史，也許就不會有這麼多一百倍估值的小股票了。

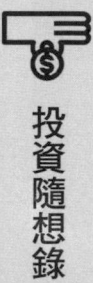

2 好漢不贏頭盤棋

入行第一年就遇上公司業績落後，對一個職業投資人而言其實是件好事：可以學會如何在逆境中堅持自己的投資理念，學會在壓力下保持頭腦的冷靜，學會在谷底要有仰望星空的勇氣。就好比賭徒，職業生涯一開始就贏錢的，一般難成大器；先輸錢的，反而能在本錢不大時獲得寶貴經驗。

3 淡定是怎樣煉成的

我的第一任老闆、公司首席投資官對我投資理念的形成有巨大影響。在泡沫頂峰，大家都在說「這次不同了」，他卻堅定地說「這也會過去」。他經常鼓勵我看舊書、舊報告、舊雜誌。歷史讀多了，對許多事情就見怪不怪了。

4 楷模

不僅在投資上，在做人上我的第一任老闆也堪稱楷模。他不到五十歲就退休了，把公司股份低價轉給包括我在內的其他合夥人，然後義務為一家慈善機構打理資產。儘管事業有成，他為人卻一貫低調。他的住處樹木茂密，每年秋天落葉無數，他都堅持自己清掃、打包。他還記得大樓裡每個清潔工的名字。

5 蒙格的標準

蒙格對年輕人擇業有三個建議：別兜售你不相信的東西，別為你不敬佩的人工作，別和你不喜歡的人共事。生活所迫時，要滿足這三個條件簡直是奢侈。但是第二條，找一個你敬佩的老闆，卻是在任何時候都應該儘量堅持的。

6 先天還是後天

投資能力是天生還是後天培養的？多數人傾向於後者，但我的老闆認為，你要麼有投資能力，要麼沒有，這是沒法後天學習的，就像籃球教練們常說「身高是無法後天訓練出來的」一樣。話雖如此，他長期積累的許多投資經驗其實是可學的，特別是在宏觀分析和板塊輪動方面。

7 宏觀

許多精選個股的人對宏觀分析嗤之以鼻。其實，宏觀分析和投資策略對大資金而言是極其重要的。所謂經濟週期，就是周而復始的；周而復始的東西就有規律可循，有規律可循的東西就可學。

8 邏輯

初學投資策略時，我寫了篇頗為自得的報告，迫不及待跑去交給了老闆，他的第一句評價是「邏輯性很強」。我趕緊做謙虛狀：「過獎過獎。」他笑著說：「別誤會，這不是誇獎，是指出你的不足。邏輯性強的策略報告一般沒用，因為市場經常不講邏輯。」在經歷了市場的幾次大起大落之後，我回想起這句話，言猶在耳。老闆並不是說策略報告不需要邏輯，而是說成功的策略需要對市場短期反邏輯性的非理性行為有充分考量。

9 價值投資者

投資方式與個人性格息息相關，價值投資者買任何東西都講究物有所值、價格低於內在價值，因此在生活中往往節儉而樸素，像巴菲特那樣「小氣」——我以前的許多合夥人就是如此。在美國時，圈內人如果笑著說某個人「是個真正的價值投資者」，意思其實是他很節儉。

10 口音

合夥人們生活節儉，但對員工培訓不惜血本，常送我去參加各種天價培訓班，還專門聘請了一位大學英語老師給我做了幾個月的一對一英語發音矯正。可惜爛泥扶不上牆，我說的英語至今仍有濃重的中國特色（確切地說，是閩南腔）。好在他們對 Chinglish 的理解力成長很快，溝通才順暢了。

11 會計造假

各國會計準則不同，但會計造假的手法卻大同小異，留下的蛛絲馬跡也驚人地相似——這是我後來管理環球對沖基金時的體會。當年老闆讓我仔細鑽研法務會計學，找出會計欺詐的常見信號，並把一批涉嫌造假的公司「打入冷宮」。兩年後（二〇〇二年），我不得不感嘆他的先見之明。

12 會計醜聞

某知名財經雜誌有點悲劇，它在泡沫破滅前評出的三個年度最佳首席財務官分別來自安然、世通（WorldCom）和 Global Crossing，後來這三家公司都被發現是徹頭徹尾的會計欺詐。醜聞大面積爆發，到處都是裸泳的人。多虧老闆的前瞻性，我們的組合安然無恙。

13 師出同門

某世界級 CEO 在中國是家喻戶曉的偶像，他寫的自傳至今被奉為管理學寶典（你如果上過國內商學院，就一定讀過他的書）。但是在一個法務會計的培訓班上，我的同事卻發現同學中有許多該公司的財務經理。看來，偵察與反偵察的人是同一個老師教出來的。

14 穩定增長是如何煉成的

既賣矛又賣盾的老師，你不得不佩服，一半的學員在學如何發現會計造假，另一半的學員在學如何平滑利潤不被發現。當然，適度地平滑利潤也不是什麼大事，該公司至今仍是眾人偶像，只是我知道這件事後對其的敬意就大不如前了。

15 山外有山

在華爾街找工作有時是件很傷自尊的事，無論到哪兒都是高手如林。記得在曼哈頓的一家對沖基金面試時，面試官問我得過什麼競賽方面的獎，我說中學時物理競賽和電腦程式設計競賽都得過福建省第一名，還補了一句說福建省有三千萬人。面試官笑了，隔著玻璃牆指著大廳裡的那些分析師和交易員說，這兩個是國際物理金牌，那兩個是國際數學金牌，這裡不是大學招生辦公室，我們不關心省級比賽。

16 初生牛犢不怕虎

記得還有一次，面試的最後一個問題是：你為什麼選擇投資作為職業？我操著極其蹩腳的英語說：「因為我熱愛，而且我擅長。」老闆皺了皺眉頭說，你也太過於自信了。然後他錄取了我。事後，老闆對我說，在你這年齡，說「擅長投資」，那是不知天高地厚，不過我看得出你說「熱愛投資」時是發自內心的。今天，如果再有人問我同樣的問題，我也許會有同樣的回答——「因為我熱愛，而且我擅長」，但我會補充說，只有前半句我沒有吹牛。

17 「剛剛好」的基金經理

曾有個合夥人，他管理的基金中的基金在挑選對沖基金時，喜歡個人身家「剛剛好」的基金經理。身家不夠的，說明混得不好，水準不夠；身家太高的，已經有了絕對財務自由，幹活往往就不夠投入了（除非是那些真心熱愛投資的人，標準是看他有了錢之後是否開始注重個人享受）。

18 最好的投資機會

以前的一個合夥人曾説，最好的投資機會往往是不需要動腦筋的，就像一大塊金子躺在路中央等你去撿那麼簡單。我問，那其他人為什麼不撿呢？他説，最好的投資機會出現時，大家都認為那是陷阱，都繞著走。我問，難道沒人看得出那是金子嗎？他答：有啊，不過最先看出是金子的那幾個人都掉陷阱裡了。

19 長壽的祕訣

有次和美國一位前輩對沖基金經理吃飯，九十歲高齡仍每天工作十二小時的他拄著拐杖，在停車場很從容地彎腰撿起一分錢的硬幣。他長壽的祕訣之一是為他的私人醫生們理財，而這些醫生們自然會盡力地保證「搖錢樹」的健康。

常識的力量

在別人恐懼時貪婪，在別人貪婪時恐懼

一、這話很有道理。二、這話說了等於沒說。三、很有道理的話一般說了等於沒說。四、說了等於沒說的話一般很有道理。五、如果你知道別人什麼時候恐懼和貪婪，這話很有道理。六、如果你不知道別人什麼時候恐懼和貪婪，這話說了等於沒說。七、恐懼和貪婪在市場中的直接體現就是估值。恐懼時，估值水準低；貪婪時，估值水準高。八、所以，在估值低時貪婪，在估值高時恐懼。

留得青山在，不怕沒柴燒

本金安全性是每個投資者必須關心的。對沖基金經理們常說的「留在遊戲中，別出局」其實也是此意。投資者需區分兩種風險：價格短期波動的風險和本金永久

性喪失的風險：前者只會短期沒柴燒，後者才會讓青山不再，人們往往過於關注前者而忽視了後者。

二鳥在林不如一鳥在手

有人認為買股票就是買未來，喜歡二鳥在林；有人認為未來充滿不確定性，喜歡一鳥在手。兩種方法都可賺錢，只是風格不同而已。現實中，投資者對未來成長常抱有不切實際的過高期望，而對於現有價值視而不見，導致估值失當，這才造成二鳥在林不如一鳥在手的現象。

各國企業競爭優勢的剖析

麥可．波特（Michael Porter）在《國家競爭優勢》（*The Competitive*

Advantage of Nations）中把國家競爭力發展分為四個階段：一、生產要素導向階段（依靠資源或廉價勞力）；二、投資導向階段（大規模產能擴張，政府發揮主導作用）；三、創新導向階段（政府應無為而治）；四、財富導向階段（社會已富足，強調公平而非效率，社會價值掛帥，實用主義減弱）。

對大多數發展中國家而言，階段二與階段三之間有著極高的門檻——第二次世界大戰後的半個世紀，實現成功跨越的國家只有日本和韓國。

義大利是個例外，直接從階段一跳躍到了階段三，當然，不是每個國家都有創造阿瑪尼和蘭博基尼的基因，因此參考意義不大。在階段一，企業之間的競爭優勢主要體現在資源獨占和價格競爭；在階段二，企業的競爭優勢體現在規模經濟和產業鏈集群，所以現階段國企的強勢和民企的弱勢也是形勢使然。但是，要想進入階段三，必須讓民企成為創新主體。回顧各國發展史，政府主導的創新鮮有成功先例。

網路上不少人喜歡以階段四的歐美國家為參照，把處於階段二的中國經濟和社會說成一團漆黑、一無是處。其實，我國社會經濟在這個階段遇到的許多困難和問題，發達國家在階段二都經歷過，沒必要妄自菲薄，對未來失去信心。

中國處在階段二，美國處在階段四，發展階段不同，從經濟結構（投資 vs. 消費）、主要矛盾（做蛋糕 vs. 分蛋糕）到社會的價值取向（強調效率 vs. 強調公平）都不同。但有些人卻把中美差距簡單歸因為中國的國民劣根性，有失偏頗。古人說的倉廩實而知禮節，其實是很深刻的。有些人認為中美體制不同不可比較，那我們就看看印度的例子。印度和美國一樣有民主制度、司法獨立、言論自由和宗教信仰自由，但是印度的腐敗、貧富分化、社會不公現象比美國多得多，背後的原因還是社會發展階段的差距。蛋糕不夠大時，怎麼分對一部分人都很不公平。

山寨行為也是階段二的常見現象，美國也經歷過。一九〇三年，可口可樂從配方中去除可卡因後，仿冒者開始盛行。僅在一九一六年，美國就查封了一百五十三家可口可樂的假冒產品，包括許多「康帥博」式的名字：ColdCola，CandyCola，

KocaNola等。

宏觀上從城市化比率、人均GDP、經濟結構等指標，微觀上從企業競爭力、技術進步和全球產業鏈分工等角度上看，中國整體處在階段二中期。分區域看，北上廣深開始進入階段三，東部沿海在階段二中後期，中部在階段二前期，西部還在階段一。

從定量的角度分析，從人均GDP、城市化水準以及主要消費品保有量來看，中國大致相當於二十世紀六十年代的日本、二十世紀七〇年代的韓國（見表6-1）。但考慮到中國的經濟總量和東西部差異，二十世紀七〇年代初的日本和二十世紀八〇年代初的韓國經濟對我們也有啟發。

日本在二十世紀六〇到七〇年代經歷了路易斯轉捩點、工資暴漲、消費占GDP百分比提升、出口向內需的轉型、城市化接近尾聲後投資增速下降、經濟增速從百分之九減半至百分之四到百分之五等一系列目前眾多悲觀者擔心中國經濟即將面對的問題，但是日本股市的牛市在此之後又持續了十五到二十年。

國際分工是大趨勢。回顧過去幾十年，投資銀行多是美國和歐洲的，大飛機的製造是波音和空客；工程機械是開拓重工、小松、鬥山；速食就是美國那幾家；奢侈品基本上是法國、義大利；資源是加拿大、澳大利亞、巴西。分析任何可貿易品行業，都要在國際競爭的大背景下看這個行業是否有比較競爭優勢。

為什麼巴菲特買的多是消費和金融股？因為最能代表美國競爭力的就是像可口可樂、寶潔那樣的消費品公司和像高盛那樣的金融巨頭。日本、韓國這樣以製造業起家的國家，歷史上很多牛股就出在機械、家電、汽車等能代表其國家競爭力的行業，如豐田、三星等。什麼行業最能代中國參與世界競爭呢？能代表中國參與世界競爭的行業應具備如下特點：本土市場巨大；橫向已形成國內寡頭壟斷；縱向已實現產業鏈整合；相比國際競爭對手具有顯著的規模和 CP 值優勢（品牌和管道優勢目前還談不上）。

在全球化和網路時代，世界已經進入寡頭階段。如果還指望新興中小企業能夠與國際寡頭競爭，就好比相信漁船舢板能挑戰航空母艦。國家政策應有意識地支持中國的民營寡頭成長為世界寡頭，只有這樣才能帶動廣告、法律、諮詢、設計等高端生產性服務業的發展，才能跨越中等收入國家陷阱。

偉大企業是競爭而不是補貼出來的，因此在自由競爭階段不應該對新興行業的中小企業補貼；通過市場競爭產生民營寡頭後，說明「內戰」打完了，勝利者要代表中國參與「外戰」了，這時國家對民營寡頭在跨國併購、進出口信貸、國際管道建設和海外智慧財產權糾紛等多方面的支持是必要的。

許多人熱衷於研究美國，其實中國的經濟發展模式與美國根本就不是一個路數，日本、韓國的產業升級道路才是中國應該走的。轉型必須依靠和發揚既有優勢，而不是好大喜功地超前發展所謂的新興行業。本來打乒乓球的人看到別人踢足球賺錢更輕鬆，就草率地決定轉型踢足球，令人無語。國際分工不是一成不變的，但轉型不該由行政力量強推，那樣容易對新興行業揠苗助長、對傳統行業自毀長城。

表 6-1 中日韓發展程度對比

	中國		日本		韓國	
	數量	年份	數量	年份	數量	年份
城市化率（單位：%）	46.0	2008	46.0	1952		
城市人口比例（世界銀行，單位：%）	43.1	2008	43.1	1960	43.6	1972
人均 GDP（二〇〇〇年，單位：美元）	1965	2008	7118	1960	1994	1970
勞動者收入占 GDP 比重（單位：%）	40	2007	40	1961	40	1980
汽車千人保有量	50	2009	51.71	1962	48.43	1988
轎車（每百戶）	8.8	2008	6.8	1964		
彩色電視機（每百戶）	132.9	2008	142.2	1979		
電冰箱（每百戶）	93.6	2008	94.4	1969	93.7	1981

《美國士兵守則》的投資解讀

美國士兵守則	投資解讀
所有的五秒手榴彈引線都會在三秒內.	注意安全邊際燒完
別和比你膽大的戰友躲在同一個散兵坑	小心賣方研究員的推薦
打過來的子彈才是老大	別接正在墜落的飛刀
好走的路總佈滿地雷	所以要逆向投資
若一個蠢辦法有效，那它就不蠢	所以要價值投資
如果你多報戰功，下次就一定會被委以力所不逮的任務	賣基金時別吹牛
重要的事總是簡單的	先別虧錢
簡單的事也是最難的	不虧錢也不易
曳光彈能幫你找到敵人，也能幫敵人找到你	賣方報告發給你也發給他
當防守嚴密到敵人攻不進時，你自己也可能打不出去	當你不承擔任何風險時，你也得不到任何超額收益
如果你的瞄準鏡能看見敵人，那麼敵人也同樣能看見你	你在研究競爭對手的持倉時，他也在研究你的
必須組合使用的武器一般不會一起被運來	講多個故事的上市公司，最後一般都不能兌現

第四部分

投資心理學

投資心理學

在實踐中投資者必須提防許多東西，最重要的是提防自己。

——傑西・李佛摩（Jesse Livermore）

11 人性的弱點：投資者常見的心理盲點

1 家花不如野花香

我在研究世界各國股市的歷史後發現，幾乎每個國家（包括中國A股）低估值價值股的長期投資回報率都顯著優於高估值的成長股。原因很簡單：投資者對未來的成長往往抱有不切實際的過高期望，而對於現有的價值卻視而不見。不珍惜已擁有的，而對未到手的抱有過於美好的想像，是放之四海皆準的普遍人性。

2 過度自信

一九九九年我參加哈佛行為金融學短訓班時，教授透過無記名調查提了兩個問題：你退休時能有多少錢；在座的人退休時平均能有多少錢。當場統計的結果顯示，第一個問題的答案平均是三千萬美元（在座多為美國基金經理），第二個問題的答案平均是三百萬美元。也就是說，基本上每個人認為自己比平均水準強十倍。

3 倉位思維

一旦買成了重倉股，對利好消息就照單全收，對利空消息就不以為然，心理學上叫確認偏誤，民間說法叫屁股決定腦袋。正確的決策流程是先有論據，再有結論；但多數人是先有結論，再找論據，這樣一來對反面的證據自然就視而不見。有了倉位，思維就不客觀，故稱倉位思維。

4 錨固偏見

常有人說，這股票漲這麼多了，還不拋？或者，已經跌一半了，還不買？這就是錨固偏見的表現，其潛意識是把原有股價當成合理、有參照性的錨點。其實，一個股票便宜與否，看估值比看近期漲跌更可靠：基本面大幅超出預期時會越漲越便宜，反之會越跌越貴。錨固偏見是奢侈品的常用行銷手段。先設計一批二萬美元的包包讓模特兒們背著走來走去，讓你感覺這個品牌的包就值二萬美元一個。這樣一來，當你在店裡看到一千美元的同一品牌包時，就不覺得貴了。其實二萬美元的包也賣不了幾個，利潤主要來自賣一千美元的包。

5 短期趨勢長期化

某公司利潤去年六毛，今年七毛；管理者故意報成去年五毛，今年八毛，增長高達百分之六十，於是市盈率大漲，這就是利用人性中易把短期趨勢長期化的傾向手法，行為金融學稱為過度外推。把過去的增長過度外推到未來，把不可持續當作可持續，是成長股陷阱和週期股陷阱的共性。

6 虧損厭惡症

厭惡虧損是人之常情，A股尤甚：賣虧損股票，老外叫「止損」，咱們叫「割肉斷腕」——厭惡之情溢於言表；不少人股票漲回成本時就拋，虧損就扛著，還自欺欺人說不賣就不算真的虧。其實，股票的投資價值與買入成本無關；該不該賣，也與你是否虧損無關。一萬元虧損帶來的痛苦，是一萬元盈利帶來的喜悅的二倍。求穩怕虧體現在機構上是儘管牛市中週期股常領漲，週期股再便宜也不買，穩定類的股票再貴也拿著；體現在散戶身上是二十八萬億元現金存銀行，儘管股市長期跑贏現金是不爭的事實。

7 標題黨

投資者往往容易對新聞標題做出過度反應。例如，日本核事故時某些股票因為能為日本提供少量救災物資藥品而大漲，SARS期間也出現過類似事例。上標題的多是「人咬狗」事件，調查研究才能了解那些上不了新聞的「狗咬人」事件。

8 榔頭症

美國消費股多，適合價值投資；加拿大資源股多，適合趨勢投資。網路贏家通吃，買龍頭；休閒服裝百花齊放，買成長。差異化產品，買品牌；同質化產品，買成本低的。不同國家、不同行業，適用方法應不同，但人們常生搬硬套同種模式。在一個榔頭看來，世界上的所有東西都是釘子。

9 選擇性記憶

大多數人對持有的牛股都津津樂道（就像我老愛提起去年抄底工程機械的經歷），對踩過的地雷卻避而不談（既然罄竹難書，乾脆我就不書了）。對自己的正確決策印象深刻，對自己的錯誤卻記憶模糊，選擇性記憶是人腦自我保護的方式之一，也是提高投資水準的障礙。俾斯麥說，每個笨蛋都會從自己的教訓中吸取經驗，聰明人則會從別人的經驗中獲益。可惜股市中能從自己的教訓裡吸取經驗的人也不多見（笨蛋也不好當啊）。你記得你去年虧損最大的是哪五檔股票嗎？你吸取了什麼教訓呢？沒關係，我也不記得我的了——這就是選擇性記憶。

10 差點就贏

同樣是錯過航班，錯過三分鐘的比錯過三十分鐘的更沮喪；同樣是彩票沒中，號碼與頭獎號碼只差一點的最是痛苦。與成功擦肩而過，比從未接近成功更令人難以接受，更令人想再試一次，所以，許多賭博形式正是包含大量「差點就贏」的設計，才吸引這麼多賭徒不惜傾家蕩產屢敗屢戰。賭場的研究者早就發現，那些經常出「差點就贏」圖案的老虎機比隨機設置的老虎機更易讓人上癮，更能讓賭場賺大錢。細細地回想一下，那些垃圾股、莊股以及你只想做個波段賺點快錢就跑的股票，是不是也經常讓你有「差點就贏」的經歷？

11 羊群效應

羊群效應原是由生物學家在研究動物時發現的。現實生活中，基金經理抱團取暖，散戶跟風炒作，非典時搶醋，地震後搶鹽，羊群效應無處不在。不管是集體看空還是集體看多，最一致的時候往往是最危險的時候。只有卓爾不群的人才能在高處有如臨深淵的謹慎，在低谷有仰望星空的勇氣。

12 心理帳戶

廣播電視節目中常有股民這樣提問：「我買了某某股票，成本是×××，請問應如何操作？」提問者潛意識中已把買入成本當作買賣決策的依據之一。其實，是否應該賣出取決於很多因素（估值、品質、時機），但與買入成本無關，因為你的買入成本根本不影響股價的未來走勢。心理帳戶指的是人們喜歡在腦袋中把錢分成不同部分（例如買房的錢和買菜的錢）。投資者最常見的心理帳戶是把錢分為本錢和賺來的錢，並且對這兩部分的錢體現出非常不同的風險偏好，這樣無形中就把買入成本作為決策依據之一了。

12

後視鏡：別在今年做去年該做的事情

還有什麼比年復一年犯相同的錯誤更糟？每年犯不同的錯誤。美國前財長、哈佛前校長勞倫斯・薩默斯（Lawrence Summers）說過，投資者都想在今天做昨天應該做的事。我的觀察是，投資者，特別是機構投資者，都希望在今年做去年應該做的事。

二〇〇八年讓大家認識到，本金的安全性是第一位，然後二〇〇九年股指翻倍。二〇〇九年讓大家認識到牛市誰也跑不贏滬深300，然後二〇一〇年小股票結構性行情。二〇一〇年讓大家認識到消費新興和小股票才是硬道理，然後二〇一一年藍籌股大幅跑贏小股票。投資人總是不斷地總結，只可惜是從「後視鏡」中總結。股市裡，即使那些想從自己的教訓中吸取經驗的投資者，也常常以偏概全地吸取不當的經驗。美國人說「每個將軍打的都是上一場戰爭」，也是此意。牛熊交替和市場風格都是不斷在變化的，前一年正確的做法在下一年可能是不合時宜的。

而那些進行大類資產配置的人，又常常在這個十年做上一個十年應該做的事。一九八〇年，美國人根據二十世紀七〇年代的經驗得出買股不如買大宗商品的結論，然後出現了持續二十年的股票牛市和大宗商品熊市。二〇〇〇年，美國人根據二十世紀九〇年代的經驗得出買大宗商品不如買股的結論，然後出現了持續十年的股票熊市和大宗商品牛市。近期，許多人根據過去十年的經驗得出買股不如買房的結論。其實，大類資產之間的輪動，往往是以十年、二十年為單位的，未來十年與過去十年的情況可以是截然不同的，因此，大類資產之間的這種長期比較往往也是後視鏡。

一九九七年，香港人根據過去經驗認為房價只漲不跌，之後六年房價跌了三分之二；

二〇〇七年，美國人根據過去經驗認為房價只漲不跌，之後四年房價跌去三分之一。誰也無法預測未來，沒有只漲不跌的資產。僅憑過去十年的房價飆漲就斷言房地產是更好的資產類別，這是「後視鏡」效應下的一廂情願。貪婪與恐懼是恆久不變的人性。現在股市彌漫的是恐懼；現在房市充斥的是貪婪。

二〇〇四年以前股市的平均市盈率是五十倍，二〇一四年卻只有十二倍，股票估值是十年前的四分之一。而許多城市的房價過去十年漲了不只四倍，一來一去十六倍的差異之後，誰還能斷言今後十年買股不如買房呢？也有人根據過去十年的經驗認為買股不如買大宗商品。其實，過去一百四十年裡大宗商品的長期真實回報率幾乎是零，遠不及股票。既然過去十年在歷史長河中不具代表性，為何喜歡用後視鏡的人只看過去十年，而不看過去三十年、五十年或一百年呢？

某位對沖基金經理曾引用某冰球運動員的話來類比投資：應該跑向球將要去的地方，而不是球現在所在的地方。犯「後視鏡」錯誤的投資人就是習慣跑向球現在所在的地方，追逐當下的熱門板塊或主題，於是難免比市場慢半拍，因為市場就像冰球一樣，總是在不斷地運動中。如何從自己的教訓中吸取經驗，在股市中並不是一件簡單的事，大多數人做的其實只是刻舟求劍式的總結，而不是前瞻性地跑向球將要去的地方。

13

傻瓜定價說：別低估傻瓜的傻

拍賣時，同一件古董有人估五十萬元，有人估五百萬元，價格最終是由頭腦最發熱的人決定。同理，股市處於底部時，流動性萎縮，任何拋盤都能打壓股價，因此，股價能跌多深往往是由最恐慌的人決定。換言之，市場的極端價格常常是由最大的傻瓜決定，所以股價總是上漲時超漲，下跌時超跌。

常有人感嘆股市的非理性行為。其實，價值投資者對這些非理性行為應該感激涕零——

沒有超跌，哪來價值低估？沒有價值低估，哪來超額收益？理解市場的非理性行為，淡然處之並加以利用，這是逆向投資的第一步。

一九九九年納斯達克泡沫時，我碰到某行為金融學教授，他自己有個對沖基金，那年賣空網路股虧了很多錢。他感嘆道：「我知道他們傻，只是我沒想到他們會這麼傻！」聰明人（包括那些自作聰明的人）的悲劇在於，他們往往低估了傻瓜傻的程度。

長期資本管理公司，一家由世界頂尖的操盤手和諾貝爾經濟學獎得主們管理的對沖基金，就是因為低估了市場的力量及短期內價格能夠偏離內在價值的程度，在一九九八年俄羅斯危機中被市場的極端行為「亂拳打死老師傅」。其實，他們的持倉在被清盤後的數月後迅速飆漲，只可惜他們的高槓桿註定了他們倒在黎明前的黑暗裡。

「聰明人」常希望傻瓜們傻得「剛剛好」——傻到願意把價值一元的東西以五毛錢的價格賣給他，但不至於傻到繼續把價格砸到四毛錢。其實，低估傻瓜傻的程度也是一種傻，能使股價低估百分之五十的非理性行為，同樣能使其低估百分之六十。正如凱恩斯所說，市場持續非理性行為的時間可能長過你持續不破產的時間。

對市場敬畏但不屈服，逆市場而動但懂得自我保護。抄底時注意安全邊際（不用槓桿也是其中之一），避開價值陷阱，遠離反身性（會惡性循環、不能越跌越買），精挑細選低估值、高品質（特別是高端品牌或寡頭壟斷）的股票，然後分期分批加倉，確保判斷錯誤時也不至於粉身碎骨。

14

歷史是一再重演：別再相信「這次不同了」

約翰·鄧普頓說的「這次不同了」（This time it's different），是英語中最昂貴的四個詞。人性的弱點總喜歡把短期的事情長期化，樂觀起來就是「黃金十年」；碰到困難時卻又覺得從此再也看不到光明了，因為「這次不同了」。其實，經濟週期和市場週期總是起起伏伏、周而復始的，太陽底下沒有新鮮事。

過去四十年香港股市的整體市盈率，基本上都在十到二十倍之間波動，如此反覆多個週期，只要稍微研究一下市場歷史的人都可以發現這個現象，可是幾十年來人們的行為反覆驗證了這麼一句話：人們從歷史中學到的唯一教訓，就是人們從來不吸取任何教訓。為什麼人們會一而再、再而三地在市場高峰附近入市，在市場低谷附近離市呢？原因很簡單，當市場估值到高點時，總有些「這次不同了」之類的觀點來說明這次的高估值是合理的（例如新經濟、「港股直通車」）；估值到低點時，又會有另一些觀點來說明「這次不同了」（例如金融海嘯、網路泡沫破滅）。

前面提過，我的第一任老闆是個熱衷於研究市場歷史的堅定價值投資者。一九九九年科技股泡沫頂峰時，大家都在說「這次不同了」，他卻堅定地說「這也會過去」。他經常鼓勵我們看舊書、舊報告、舊雜誌。歷史讀多了，對許多事情就見怪不怪了。

每隔幾年「這次不同了」就換個新面孔出現。二〇〇八年的次貸危機叫「百年一遇」；二〇〇一年的九一一事件叫「美國本土第一次遭受外來攻擊」；一九九九年網路泡沫叫「新經濟」；一九九七年亞洲危機叫「金融海嘯」；一九八九年日本泡沫叫「日本特殊性」；一九八七年十月的黑色星期一叫「二十西格瑪事件」（20-sigma event，指幾乎不可能發生的小概率事件）。每一次危機或泡沫都感覺像是史無前例，其實不過是歷史長河中的一朵浪花。

二〇一一年年底的中國股市悲觀者眾，「這次不同了」也就有了數張新面孔：舊的增長方式遇到了瓶頸，靠投資和出口拉動經濟的路已經走到了盡頭；路易斯轉捩點出現，勞動力價格飛漲，長期通膨將失控；過去十年的好日子是加槓桿帶來的，今後十年是去槓桿，經濟潛在增長速度將從此下一個大的台階。

我不是經濟學家，這些似是而非的問題也不是三言兩語能說清楚的。但我知道人性的弱點：當人們在為「黃金十年」找論據時，市場離見頂就不遠了；當人們在為長期的悲觀尋找理由時，市場已經在底部區域了。投資者的悲哀，永遠是輕易地放棄和錯誤地堅持。

15

樹動風動心動：股價波動的釐清

股價波動的原因，是樹在動（基本面）、風在動（政策面），還是心在動（情緒面）？短期來說，股價波動是人心與人心博弈的結果，是心在動，難以預測。中期來說，股價更多是由政策面決定：吹的是政策寬鬆的暖風，股價就上漲；刮的是政策緊縮的寒風，股價就下跌。所以說，中期是風在動。

長期來說，股價是由基本面決定的。那些根基不穩的病樹，難以避免在風中被連根拔起的命運；而那些有穩固根基的好樹，不管人心冷暖，風向東西，終將成長為參天大樹。所以說，長期是樹在動。

「心在動」常對「風在動」推波助瀾，把五級風放大為十級，此時人們已不關心「樹動」與否，反正玩的是擊鼓傳花的遊戲。其實，研究「心動」的人賺的是彼此的錢，玩的是一贏一輸的零和遊戲；研究「樹動」的人賺的是樹木成長的錢，玩的小樹長成大樹的正和遊戲。

16

用四個字總結價值投資：知易行難

有一道填空題：市場持續不理性的時間可以長過○○○。凱恩斯說，可以長過你持續不破產的時間；公募基金經理說，可以長過客戶持續不贖回的時間；私募基金經理說，可以長過信託持續不清盤的時間；券商自營操盤手說，可以長過風控持續不平倉的時間。所以說，長期投資知易行難。

馬可維茲（Harry Markowitz）的資產組合理論解決了如何在預期收益不變的情況下，透過組合管理和資產配置取得組合風險最小化的問題，並因此獲得諾貝爾經濟學獎。但是據說他在管理自己錢財時，資產配置一直是一半股票一半債券。所以說，組合投資知易行難。

我以前有個合夥人，是有著三十年從業經驗的價值投資者。有一次我問他，一九七九年美國市場市盈率只有七倍、商業週刊封面文章宣告股市已死時，價值投資者們都跑哪兒去了呢？他笑著說，那時他們正忙著給客戶解釋為什麼淨值縮水了百分之三十，因為他們在九倍市盈率時就早已滿倉了。所以說，價值投資知易行難。

附錄
投資訪談

我覺得要預測會發生什麼比較簡單，
但預測何時發生會比較困難。
——巴菲特

順應規律投資，才能事半功倍

邱國鷺出身書香門第，父親邱華炳是廈門大學財政金融系教授，他很小就在父親的影響下開始接觸金融，讀過很多經濟學、金融學、歷史學、社會學方面的書籍，並且在成長之初就近距離接觸到許多金融業界人士。

邱國鷺本科畢業於廈門大學財金系，一九九六年留學美國，獲經濟學、金融學雙碩士。一九九九年邱國鷺加入韋奇資本管理公司，因工作出色，二〇〇四年底成為公司合夥人；二〇〇五年，年輕氣盛、一心想做出一番事業的邱國鷺，辭去了待遇優厚的工作，放棄當時管理規模達六十億美元的韋奇資本公司的股權，與另外兩個合夥人創立奧泰爾領航者對沖基金，但因為獨立運作一家公司牽扯精力較多，很難專注於投資，加之邱國鷺後來獲得一家管理規模達八百億美元的金融機構資金支持，所以二〇〇七年他選擇改在其設立的普林瑟斯資本管理公司的平台上運作。二〇〇八年，儘管金融風暴來襲，但因為充分對沖風險，邱國鷺管理的產品仍獲得兩位數的正收益，在競爭激烈的對沖基金行業中初露頭角。

二〇〇八年十月，在次貸危機的疾風暴雨中，在A股最低迷的時刻，邱國鷺毅然選擇回到國內發展，加盟南方基金管理公司，任投資總監。

回國之初，邱國鷺透過廣泛的閱讀和學習，快速了解中國市場，除了每週要看幾十篇報告外，他也讀了很多書，做了大量的上市公司調查研究。因此，從美國對沖基金到國內公募基金，從美股到A股，他沒有水土不服，甚至更加得心應手。二〇〇九年年底，在南方基金二〇一〇年投資策略會上，他提出二〇一〇年十大預言，後來大部分得到應驗，他也成為業界和媒體關注的人物。當時，國內微博正在興起，邱國鷺在微博中記錄他對投資的觀察和思考，以生動簡潔的語言，宣導價值投資理念，得到投資者的追捧和認可，其中幾篇長微博更有三四千次轉發和三四百萬次閱讀。他將這些文章集結成《投資中最簡單的事》一書，廣受好評。

在負責公司投資管理工作的同時，邱國鷺也兼任基金經理，二〇一〇年他開始管理南方基金旗下光大二號等多項專戶產品。到他二〇一四年辭職，在四年存續期內，光大二號獲得優異的業績。

二〇一四年初，邱國鷺辭去南方基金的職務，著手打造上海高毅資產管理合夥企業（有限合夥），任董事長兼CEO。之後陸續加入高毅資產的幾位合夥人皆為業內優秀的基金經理，受人關注。在二〇一五年股市暴漲、暴跌的行情中，高毅資產承受了考驗，在股市暴跌時旗下產品回撤較小，並且在當年七月、八月市場最低迷的時期逆勢發行產品。在二〇一六年、二〇一七年藍籌股行情中，高毅資產整體獲得相當出色的業績，得到渠道和投資者的認可，公司管理資產規模快速增長，成為國內排名前列的私募基金管理公司。二〇一八年以來，股市大幅震盪，但根據協力廠商公佈的資料看，高毅資產的整體業績仍然保持平穩，在大型私募基金中居於前列。

回國十年，邱國鷺用自己的實踐和高毅資產的實踐，證明價值投資在中國的有效性。

打造高毅資產，跟對的人在一起做一件對的事

記：為什麼考慮做一個高毅這樣的平台？

邱：一個優秀的基金經理要創業是很艱辛的，開門七件事，一件也不能少。前面也提到，我在美國創業時很辛苦，後來我找了一個平台，分一部分收益給它，我的生活品質、成功概率、研究深度、投資敏銳度都大大提高。

因此，我創業時就想打造一個這樣的平台。我自己是基金經理，在別的平台上做過，我作為基金經理想要一個什麼樣的平台，就把高毅打造成一個什麼樣的平台，我當時需要哪些服務，就給合夥的基金經理提供這些服務。我在美國工作過的三家公司都是合夥制的，我知道合夥人之間的關係應該怎麼處理，利益應該怎麼分配。

記：高毅為什麼能夠茁壯成長？

邱：合夥人之間相互投緣、和睦相處最重要，我很幸運遇到了另外幾位合夥人，他們人品很好，投資能力也很強。如果說高毅過去三四年取得了一點成績，那麼主要是他們的功勞，

我只是剛好跟對的人在一起做了一件對的事。

我們有六個很資深的基金經理，幾乎對任何一個行業，都有一兩個人比較懂，大家取長補短，對我們認識世界、認識市場很有幫助。

我們的特點是會聚在一起共同研究，在此過程中有很多的爭論和辯論，但同時也可以把很多事情搞明白。我們很少爭論市場走向或個股漲跌，我們爭論的都是行業和公司的基本面、行業以後會怎樣改變、哪家公司更有競爭力、哪家公司的戰略是對的、哪家公司管理層品質更好。

記：正如你所說，高毅的每個合夥人都很優秀，他們以後有沒有可能離開公司自己創業？

邱：這個問題存在於每個資產管理公司。高毅的好處是：第一，機制比較健全，公司在設置股權激勵機制、業績分成機制、獎金遞延機制時，都考慮到公司的延續性；第二，公司的文化是以基金經理為核心，基金經理有充分的自主權和決策權，也有個人的獨立子品牌；第三，我們遇到的合夥人人品都很好，合夥人之間相處得也很好，感覺都比較舒服。這個行業的特點是優秀的投資人都財務自由了，沒有人會為了財務的原因去委曲求全，所以公司一定得讓每個人都滿意。完全滿意是不可能的，但還是能找到比較合理的最大公約數。

記：高毅成立以來業績優秀，得到管道和客戶的認可，公司資產規模增長速度也比較快，你們有沒有壓力？

邱：高毅定位於平台式的公司，是以基金經理為核心，由基金經理自己決定產品什麼時候開放、什麼時候關閉，公司會充分尊重基金經理本人的意願。二〇一八年，高毅陸續有不同的基金經理封閉申購自己管理的產品，現在大多數基金經理的大多數產品都封閉申購了，高毅的規模在二〇一八年下半年也比較穩定。

二〇一七年全年我只發過一篇全公司範圍的電子郵件，其中講了三種衝突的處理方式：第一，當公司利益跟客戶利益衝突的時候，客戶利益優先；第二，當業務拓展跟法令遵循衝突的時候，法令遵循優先；第三，當規模跟業績衝突的時候，業績優先。這是資產管理公司都會碰到的三個問題。

高毅的公司管理很扁平也很簡單，二〇一七年全年只開過兩次全公司大會，一次是法令遵循培訓，另一次是年終總結。在二〇一七年業績、規模雙豐收的情況下，年底總結中，我們總結成績只花了三分鐘，問題談了三小時。歷史上，我們看過很多一時爆紅的資產管理公司，也深知在市場上一時的成功很容易，但持久的成功是很難的。

資產管理公司要成功，第一是要有好的機制，吸引到優秀的人才，才能創造優秀的業績；第二才是理想的規模，這是合理的順序。如果透過各種行銷手段直接去追求規模，短期會有一些效果，但長期是沒有持續性的。

從技術上來講，高毅的幾個合夥人的從業經驗都比較豐富，都有管理大規模資金的經驗和能力，投資風格也是偏左側投資，提前進提前出，容量比較大。我們經常都是買早了或賣早了，我買完繼續跌，賣完繼續漲，特別是在逆向投資時，買的是人家不要的東西，基本是你想買多少就有多少。有的公司，你現在一天買入十億元的股票一點問題都沒有，因為大家都在賣。二〇一六年一月你去買白酒股，也是要多少有多少，即使基金規模大一些，對投資的影響也不大。

記：為什麼會參與創立高禮價值投資研究院？

邱：資產管理行業的核心競爭力是人才，怎麼招募人才、培訓人才、激勵人才、挽留人才，是公司的重中之重。在招募人才方面，高毅還是有點號召力，我們的基金經理都很優秀，對人才也比較有吸引力；在激勵人才方面，我們成立之初就想得很清楚，也很成熟，挽留機制跟激勵機制基本到位，接下來就是培訓，怎麼培訓人才？

高禮價值投資研究院由高瓴資本創辦，耶魯大學首席投資官大衛．史雲森（David F. Swensen）任名譽理事長，高瓴資本創辦人張磊任理事長，我擔任院長。一年招二十多個學員，二〇一七年有近一千人報名，學員都是一級市場和二級市場的一線投研人員，有公募基金和私募基金的基金經理、研究員，還有股權投資人士，他們平均有五到八年的投資經驗，甚至個別有二三十年的投資經驗，完全可以來當老師。

具體的課程主要由高瓴資本講一級市場，高毅資產講二級市場。合夥人講自己擅長的東西，比如張磊講零售行業，高瓴 TMT 合夥人講科技、媒體和通信行業，鄧曉峰講通信行業，馮柳講消費品行業，此外也會在外面請一些資深專家來講課。每個月會佈置一個課題，分成四個小組，研究不同的樣本，做二到四個案例分析，研究一些我們普遍比較關注的問題，比如新能源、電動車、新零售等。

高禮價值投資研究院的定位是後ＭＢＡ，因為學員基本都讀過碩士，又有實踐經驗，都是講比較貼近實踐的。學制為兩年，第一年是學習，上十次課；第二年是實踐，在實踐過程中遇到問題大家一起討論，以期學以致用。

高禮價值投資研究院中一些學生的履歷、經驗不亞於我，在許多方面可以當我的老師。所以，大家亦師亦友，互為師友，我從這些學員身上學到非常多的東西，平常很難有機會聽老師們系統地講課，幾乎每次課我都會去聽。高毅資產的研究員可以跟著一起旁聽學習，對高毅資產形成系統性培養人才的氛圍也有幫助。

對股市前景不悲觀

記：目前大家對股市比較悲觀，你怎麼看？

邱：未來永遠都有很大的不確定性，有些不確定性是你知道的，有些不確定性是你不知道的。一個市場中大的系統性風險主要有以下三個來源。

第一是估值泡沫。像二〇〇七年或二〇一五年上半年，估值太高，下跌起來就會很猛，其他時間基本是波動，二〇一八年年末已經處在波動階段的後期，估值已經比較低了。

第二是基本面有大的惡化。原來公司是賺錢的，現在不賺錢了，或者經濟有大的調整，出現經濟衰退或崩盤。但即使把貿易摩擦考慮進去，中國經濟也不會崩盤，因為從二〇一一年到二〇一五年，中國經濟已經經過了五年漫長而充分的調整，中間有五十多個月工業產成品出廠價格指數（ＰＰＩ）是負增長的，這說明企業一直扛著巨大的壓力，因此，這五年的洗牌是比較充分的。二〇一六年、二〇一七年以來的復甦相對比較溫和，庫存不高，過剩產能不多，基本面泡沫不大，不太可能突然出現斷崖式下跌。

第三是央行大幅收緊流動性，資金成本迅速提高。這也不太可能，二〇一八年已三次定向降低存款準備金率，二〇一八年年底國務院常務會議稱積極的財政政策要更加積極，央行投放也在大幅增加，政策逐漸走向放鬆。以上三點是我們對股市前景不悲觀的主要原因。

記：你對中國經濟持比較樂觀的態度？

邱：我一貫是偏樂觀的。說到底，中國經濟是在增長的，股市雖然漲漲跌跌，但有一部分上市公司還是不錯，買好公司長期看會有不錯的回報。政府手上有很多牌，經濟一旦出現下滑的跡象，政策就會開始放鬆。很多人都只看到負債率，也應該看資產端，中國政府擁有土地和國企，資產端還是有較多資源的。

大家還有點擔心地方債，我認為也是可控的。中央如果想救，肯定救得了，目前只是想打破一下剛性兌付，但都在風險可控制的範圍內。去槓桿是手段，防風險才是目的，不可能為了防風險，弄出更大的風險，雖然也有這種可能性，但政府是很謹慎的，不要低估執政者的智慧。

很多問題看起來很大，但都有解決的餘地，中國現在GDP是八十萬億元，經濟還是很有韌性，不像一些小經濟體，沒有抗風險能力。

早期經歷，學霸＋最早一批股民

記：請講講你的早期經歷。你父親邱華炳是廈門大學財政金融系主任、經濟學院院長，可以說是家學淵源。

邱：我從小讀書不算特別努力，但學習成績還不錯，高中時參加各種競賽，比如物理競賽、電腦程式設計競賽都得過福建省第一名，參加數學競賽也得過獎。家裡人一直覺得，我沒做科研有點可惜。高中畢業統考，我是福建省第二名，因此也獲得大學保送資格。家學淵源談不上，不過我從小讀了很多書，經濟學、金融學、歷史學、社會學方面的書讀很多，父親是老師，家裡面別的不多、就是書多。我生在廈門大學、長在廈門大學。在經濟、金融、投資方面，我的第一個啟蒙老師是我父親，除了在理論上、實踐上的引導，他的言傳身教，包括他的生活、學術圈子，對我影響都很大。廈大財政金融專業很強，父親有很多學生，應該算是中國改革開放後第一批接觸資本市場的人，他們談論的話題，我當時不一定聽得懂，但也算耳濡目染吧。

我父親比較注重理論跟實踐相結合，創辦了福建省第一家資產評估事務所，大二、大三的時候，我在事務所實習過。我參加過福建閩西一家水泥廠、閩南一家啤酒廠的資產評估，當然，我主要是打打雜，幫人家敲敲電腦、記記帳。這是我第一次切身了解怎樣對一家公司進行估值，看的不是財務報表，而是機器、設備、廠房，還要算折舊、年限等，這是個很簡單的活，卻是很好的培訓，我對週期股和消費股的認識就是從那時開始。早期對我影響最大的人無疑是我父親，可惜他英年早逝。今年是他去世十五周年，我和我母親、兄長一起，捐贈設立了廈門大學邱華炳教育基金會，也算是對他的一種懷念。

記：你什麼時候開始接觸股市？

邱：我很早就開始對股市感興趣，一九九二年，廈門開始發「老十家」的股票，五元買一張股票認購證，幾個月以後可以認購股票，一個身份證可以買五張認購證，我組織了一批同學和我母親公司的同事去買，還記得我跟同學打牌到淩晨四點多去排隊。認購證本質上就是期權，而且槓桿很大，萬一不能行權，也就是浪費一天，虧五塊錢，如果行權，可以賺一萬元，當時一萬元都可以買間房子了。這是我第一次參與股市和衍生品交易，算是賺了第一桶金。

價值投資第一課終生難忘

記：研究生畢業後，你是怎樣進入對沖基金的？

邱：我一九九九年畢業，正值納斯達克泡沫的頂峰，美國的就業情況非常好，失業率是幾十年的最低點，跟現在有點像。在美國，研究生畢業後一般都先去賣方，券商研究所可能每年要招幾百人，買方則很少直接從學校招畢業生，中型基金公司一般一年就招一兩個人，只有年份特別好的時候，可以直接去買方，所以一定意義上，我是當年科技股泡沫的受益者。

我去了很多家公司面試，最後決定去韋奇資本，這是一家私募機構，不能算是對沖基金，也不是公募基金。公司管理資產數十億美元，在投資上也不做對沖，而是做價值投資、長期投資，美國有很多這樣專為機構管錢的私募基金。

我的第一份工作是策略分析師兼定量分析師。做宏觀做策略要求有大局觀，從整體看問題，定量則很客觀，什麼都要用資料、程式去測試，以前所有技術分析的指標，包括移動均線和日本蠟燭圖之類的，我基本都用程式測試過，結論是大多數都不準，沒法交給程式。實際上，股市中有很多是偽經驗，用正確的做法十次可能對六七次，用錯誤的做法十次也可能對三四次，但某個人可能只經歷了錯誤中對的那三四次，就把一些錯誤的東西當作正確的經驗。定量的好處是，能夠測試十次一百次，到底什麼東西好、什麼東西不好，都可以用資料去檢驗，這幫助我養成一種相對客觀的態度。

記：你在韋奇資本的工作怎麼樣？

邱：我在韋奇資本學到很多東西，幹得也很開心。報到第一天，公司給了我一間很大的辦公室，就是老闆原來的辦公室。因為公司剛從半層擴展到一層，公司人不多，幾乎所有的投研人員都有辦公室，老闆搬到另一個更大的空間辦公，就把他的辦公室給我了。公司對我很好，剛進公司，就送我去哈佛大學行為金融學的短訓班學習。當時正值納斯達克泡沫最盛的時期，整個市場都瘋了，理論和現實相對照，對我很有啟發。我英語口音很重，公司還專門請了一個大學老師一對一教了我半年英語口語。我工作幹得也還不錯，在五年半的時間被提拔了三次，從研究員升到總監再到執行副總裁，最後成為合夥人。投資就是這點好，你做的貢獻別人都看得見。二〇〇四年年底，我成為公司合夥人，擁有一部分公司股權，公司當時的管理規模是六十億美元。

記：你的第一個老闆對你影響很大？

邱：韋奇資本的老闆非常優秀，二十七歲即擔任美國第四大銀行的研究總監，他是公司創辦人也是首席投資官，他是堅定的價值投資者，對我的投資影響非常大。我非常幸運能夠遇到他。

為理想辭職到華爾街創業

記：為什麼會離開韋奇資本去創業？

邱：韋奇資本所在地夏洛特（Charlotte）是美國東南部北卡羅來納州的最大城市，號稱美國第二大銀行中心，美國銀行、美聯銀行的總部都在那兒，是美國南部經濟最發達的城市之一，非常舒適，但對我來說卻太安靜了。如果貪圖安逸和穩定，留在韋奇資本肯定是最好的選擇。但我當時年輕氣盛，覺得做一名對沖基金經理是一件很酷的事情，我當時讀了許多理論書，書中人物的故事也激勵我想要成就一番事業。我覺得自己也可以像巴菲特、索羅斯一樣優秀，一心想出去闖蕩，於是就跑去紐約。

二〇〇五年，我與另外兩個合夥人創設奧泰爾領航者對沖基金。離開韋奇資本，我作為韋奇資本合夥人的股份也就沒有了，後來韋奇資本規模增長到一百多億美元，粗算一下，那些股份幾乎是我當時全部的身家。當時還年輕，關於這些股份的價值，都沒怎麼考慮，說走就走了。

創業後，我們公司業績還不錯，但是運作得很辛苦。後來，我開始跟一家規模八百億美元的金融集團合作，我到他們的普林瑟斯資本平台上去運作，他們給我提供種子資本和營運資本，幫我做行銷和運營。這樣，我就可以專心做投資了，不再操心那麼多瑣事，生活品質和投資的敏銳性都要強很多。我為什麼會打造高毅資產這樣一個平台，跟這段經歷有關。

記：二〇〇八年，次貸風暴席捲全球，股市暴跌，你當年投資的情況怎麼樣？

邱：二〇〇八年百分之七十到百分之八十的對沖基金都是虧錢的，因為大多數對沖基金沒有充分對沖。我們是充分對沖的，所以，雖然全球股市暴跌，到二〇〇八年十月我回國時，公司還有兩位數的正回報。我們當時投資美國、加拿大、韓國跟中國香港四個國家和地區，投資策略是市場中性、國家中性，並且在同行業中做對沖。行業風險也是中性，我們買進低估值基本面紮實的公司，賣空同行業中高估值、基本面有水分的公司。打個比方，在二〇〇八年的暴跌行情中，好的白酒股肯定比一隻垃圾的白酒股跌得少。

二〇〇八年，美國經歷真正的恐慌。華爾街幾乎所有的公司都扛不住了，美國的大銀行、大投行都有倒閉風險，大家認為沒有一家券商和銀行是信得過的，錢拿出來都不知道該放到什麼地方，不敢託管在摩根士丹利、高盛，也不敢放在花旗銀行、美林銀行，身邊的朋友一個個都在失業。

經歷過二〇〇〇年網路泡沫破滅和二〇〇八年次貸危機的人，心態會比較好，比較淡定，對市場的過度反應，無論是過於樂觀還是過於悲觀，都有一定的識別能力。有時候大家動不動就很恐慌，實際是市場的過度反應。像二〇一六年年初，港股的估值殺到跟二〇〇八年一樣低，國企指數估值跌至五十年的最低點，但二〇一六年的狀況比二〇〇八年好多了。

加盟南方基金

記：你大學畢業後就去美國待了快十三年，從業近十年，回到國內會不會水土不服？

邱：我剛回國時憑藉快速的學習來適應新環境，我讀了好多書，每周都要看幾十篇報告，透過廣泛的閱讀和學習，快速了解中國市場，並且實地調查研究了很多上市公司。為什麼國外有些優秀的基金經理來中國不一定做得好，因為擁有先進的理念是一方面，另一方面還得接地氣，了解中國國情，了解具體的市場情況、行業情況。

一開始大部分的賣方報告我都會讀，因為不知道誰好誰壞。三個月之後，我會根據研究員的名字來挑選報告，有些人的報告我會讀，有些人的報告就不會去讀了。我也會去讀舊報告，把研究員在二〇〇六年、二〇〇七年大牛市時講的話、吹的牛重新讀一遍。所以我跟南方基金的研究員說，在金融業，一個人的名字就是一個品牌，這個品牌的建立可能需要幾十年，毀掉可能只需要幾分鐘；你的工作都是會留痕的，所以做每件事情，都應該按最高的標準來要求。

鎖定三大領域打造能力圈

記：你回國不久的就開始寫微博，你強調行業格局，關注一些增速變緩但集中度提升、龍頭公司利潤大幅提升的行業，近十年的市場驗證了你當初的判斷。

邱：投資一家公司本質上是要分享它未來現金流的一部分，行業格局清晰、勝負已分的行業，盈利的確定性很高。像白色家電行業，在二〇〇〇到二〇〇五年行業增長迅速，但利潤不佳；二〇〇六年行業增速開始減緩，但利潤大增。因為在行業大洗牌後，小廠退出，行業集中度大大提高。

很多人喜歡在早期去賭馬，的確有人賭對，但賭對的概率很小。一項新技術出來的時候，總是群雄混戰，很難分辨出誰是贏家，我願意等到勝負已分的時候，像孫子兵法中所說的：勝而後求戰，而不是戰而後求勝。等行業集中到一定程度，前三名占據半壁以上江山，這時候誰好誰壞已經可以看得很清楚，你不但可以投，還敢出重手。大家總擔心勝負已分的時候投資會太晚，但回頭看，十年前早就是行業龍頭的公司，十年後還是行業龍頭，十年來，它們的漲幅驚人，各行各業都如此。

我一直在講要數月亮，不要數星星，數星星太累了，而且長期回報不會好，因為太難了。會有個別人是千里眼，數星星數得特別好，那他可能是做天使投資、風險投資的料，因為他能夠三歲看老。就像判斷一個人是否成才，你是願意在他三歲的時候去判斷還是等到三十歲呢？當然，有的人會在周歲時，透過抓周來判斷，抓到算盤就說他長大要做會計，但這是算命，他還沒上幼稚園，你怎麼知道他未來會做什麼呢？當然你可以說這個人是富二代，富二代後來把家敗掉的也很多，所以，三歲看老準確率太低。

我們是二級市場投資者，三十歲看老就可以了。可以等這個人長大，知道他是哪個學校畢業的、進了什麼行業，、是什麼職位、工作的前三到五年升遷快不快？以此來判斷他後三十年的情況，比三歲看老的把握性要大得多。

格局決定結局。我剛回國的時候，大家都在講空調的天花板，我們對白色家電和黑色家電進行對比分析，結論是看好白色家電，不看好黑色家電。因為行業格局不一樣，白色家電雖然還在混戰，但已只剩下四家，空調只剩下兩家，而且空調的技術變化是連續性的，在技術變化過程中不會出現顛覆性的結果。而黑色家電從CRT、等離子、液晶螢幕、LED到3D電視，每一次改變都是革命性的，企業跟不跟都很痛苦，不跟你可能會落伍，跟則要投一大筆錢；風險也很大，兩三年後可能又有新技術出來，萬一投到3D電視，還可能是偽命題，所以對黑色家電的投資要困難得多。

記：二〇一〇年，你開始管理南方基金的專戶產品光大二號，到二〇一四年辭職，光大二號在四年存續期內業績優異，請講講這一時期對淨值貢獻比較大、有代表性的投資案例。

邱：過去十年，我主要是投資一些勝負已分行業中的一些優質公司，像一些大白馬公司經常出現在我的組合裡。你要看我的組合，會覺得很無趣、很乏味。大家肯定也會覺得，你過去十年就找了一堆大白馬，沒什麼意思，誰都會啊。

我現在很少講投資，因為沒什麼新東西，講出來人家會覺得這人真沒新意，投資理念翻來覆去就這幾句話，投的股票也就是這些。

為什麼過去十年，我就講這麼幾句話，就投這麼幾個行業？因為我是以實業的眼光做投資，追求的就是具有長期核心競爭力的公司，這些公司十年前就是行業老大，現在還是行業老大。當然，要在一個善變的市場中找到不變的公司，也不容易。

市場每天都在變，我們做投資，研究的卻是市場背後不以人的意志為轉移的規律：經濟規律、行業格局、供需關係和商業模式，猜測市場的情緒變化有時候會給我們帶來收益，但那是不持久的。因此投資真的很「無趣」，這是一種常態。

記：你能在十年前把這些公司找出來，還能夠跟這些公司為伍，這一點就很難做到。你剛才說投資是一件很「無趣」的事，這個說法很新鮮，也發人深省。

邱：我是一個策略管十年，不怎麼變。因為我不擅長追逐變化，更擅長在變化的現象中尋求不變的規律。

過去十年，人家問我看好什麼行業，我在任何時候都是講三大類行業：金融地產、品牌消費、先進製造。為什麼呢？這幾個行業符合我的標準，行業格局很清晰，「月亮」已經出來了。我從來不是第一個吃螃蟹的人，我會等到勝負已分，事情很清晰了再投資，反正總是有機會能買到，A股波動性很大，常常出現很好的買入時機。

金融地產格局相對沒那麼清晰，但是便宜。五年前大家都看空地產行業的時候，我把電影跟地產做了綜合比較，當時中國電影一年票房三四百億元規模，最大的公司市值當時已經四五百億元，而房地產一年賣八萬億元，最大的龍頭公司才六七百億元市值。當時，最大龍頭公司的市場占有率只有一兩個點，但看得出，大地產商一定會不斷搶占小地產商的市場份額。我們預期地產行業的集中度必然提升，很簡單，大公司拿地比小公司便宜百分之五到百分之十；集中採購原材料能便宜百分之五到百分之十；融資成本也比小公司便宜百分之五到百分之十；最後，同樣地段的房子，大公司賣得比小公司貴百分之五到百分之十，因為有品牌。這幾個百分之五到百分之十加在一起，小地產商怎麼跟大地產商競爭？這就是我所說的「勝負已分」。這些道理都很簡單，大家都能想得到。定價權也很重要，我為什麼經常講這三大行業，因為這幾個行業是可以漲價的，我一直說，有「霸王條款」的行業都不會太差。比如，房地產的「霸王條款」就是很厲害的，你要全資預付給他，他拿你的錢蓋你的房子，過兩年才給你房子；而電影則是要先砸錢，電影的現金流很差。白酒是一把米、一斤水，賣你幾百塊錢，毛利率達到百分之八十到百分之九十，相當高。銀行前些年也有些「霸王條款」，現在沒有了，說明銀行業的競爭比原來激烈。

記：這就是巴菲特說的能力圈？透過長期不懈的努力，對某些公司、某些行業獲得超出幾乎所有人的理解，這樣就能夠對公司未來長期的表現，做出更準確的判斷。

邱：每個投資人都有自己的能力邊界和侷限性，沒有邊界的能力就不是真的能力。人的認知是有侷限性的，我自認更容易總結過去規律性的東西，而不容易準確預測未來的突破和演變；更容易在變化中尋找不變，而不容易在不變中預測變化。意識到這種侷限性之後，我開始盡力尋找一些歷史上被證明行之有效的簡單法則、簡單工具，然後長期堅持。

我不追求研究特別難的東西，而是把相對簡單的東西研究得很仔細、很清晰；針對不同的行業特性，弄清決定行業競爭勝負的關鍵因素是什麼，什麼樣的公司算好公司，什麼樣的價格是便宜的。把很多東西想明白了，就能對行業進行估值，知道它什麼時候便宜，什麼時候貴，就可以在公司被低估的時候，堅定買入並持有。

做投資，核心不是難度，而是有多大把握。就像巴菲特和蒙格所講的，所有公司都可以分到三個籃子中，一個是太難、一個是可投、一個是不可投，太難的那個籃子最大，因為會把很多東西都扔進去。

逆向投資不是一項技能而是一種品格

記：你特別強調估值？

邱：我是深度價值投資者，不看成長型價值，所以對估值的要求比較高。

我把選股簡化為估值、品質、時機三個要素，時機很難掌握，我基本會淡化掉，或者透過估值去判斷，便宜的時候多買，貴的時候少買。品質只要做好功課並不是太難，但品質有時候還難以判斷，估值是相對最好把握的。

便宜是硬道理，股票的回報並不取決於它未來的增長快還是慢，而是取決於未來增長比當前股價反映的增長預期更快還是更慢。我買很多股票，大家都覺得是傳統行業、夕陽行業、已經很成熟的行業，沒什麼意思，沒什麼變化。但只要你買入的估值夠低，一樣可以賺錢。

A股市場的好處是，往往能以很便宜的價格買到很優秀的公司，像有些白酒股、消費品龍頭公司，我們都是在市盈率十倍左右的價格買入，我們還在二〇一六年年底以十五倍市盈率買入某安防公司。

最近又有一批優秀公司開始變得非常便宜，因為大家又開始在恐慌，其實貿易摩擦的後果並沒有市場擔憂的那麼嚴重。日本從二十世紀七〇年代開始跟美國打貿易戰，打了二十年，中國的規模比日本大得多，市場也大得多，沒什麼好怕的。當然，市場不恐慌，也沒有以便宜價格買到優秀公司的機會。

記：上一次恐慌應該是在二〇一六年年初，股市兩次「熔斷」，市場極度悲觀，上證綜指一度跌至二六三八點，你當時是怎麼做的？

邱：在二〇一五年年底、二〇一六年年初，我買入了白酒股，還有某消費品龍頭。

我們找白酒的順序是先找高端，再找次高端，再到平價酒。因為中國經濟的復甦通常是先重點扶持基建，商務應酬增加，對高端酒的需求會增加；之後經濟恢復，老百姓有錢了，中端酒開始起來，然後再到低端酒。

白酒是很有代表性的品牌消費品，我一直都很關注。二〇一二年年底，八項規定發表，白酒行業極其低迷，之後我們在底部以十倍左右的市盈率買入白酒股。白酒的商業模式特別好，格局又很清晰，十倍市盈率買入，真的是很划算。有一陣大家都在說白酒產能過剩，在算中國人均有多少白酒，但國產酒產能過剩只是指散裝酒產能過剩，八百元錢的酒跟八元錢的酒是不存在競爭關係的。我當時說，就像全世界的包包產能過剩，跟愛馬仕包的銷量也沒有關係。

記：逆向投資的難點是什麼？

邱：做投資二十年，我深刻體會到人棄我取的道理，逆向投資是超額收益的重要來源，投資領域的集大成者大多數都具有超強的逆向投資能力。

但逆向投資並不容易，難以掌握完美的買點、賣點。經常買早了，因為你覺得已經很便宜了，但還可能更便宜，比如一家還不錯的公司，你覺得四五倍市盈率真便宜，但你買進去後，市盈率還可能跌到三四倍；也經常會賣早了，比如一檔股票的內在價值是五十元，我們二十元買入，它最後可能會漲到一百元，但我們可能六十元就賣掉了。因為我們是要講安全邊際的，經常賺不到最後一段漲幅的收益，沒關係，我可以再去找其他更被低估的股票。

市場是一個拍賣系統，最後的頂點總是最瘋狂的人在定價，就像在拍賣會上面，最後的買主肯定是那個最狂熱、願意出最高價的人。極端的價格常常是由最大的傻瓜決定，所以股價上漲時超漲，下跌時超跌。

這是逆向投資的難點，頂部和底部只是一個區域，你肯定買不到最低價，也賣不到最高價，你很可能抄底抄在半山腰。買早了還要能熬得住，領先兩步成「先烈」，只要能熬得住，還是有可能成先鋒的。不在乎短期最後一跌的得失，是逆向投資者的必備素質。所以，逆向投資是最簡單也最不容易學習的投資方式，因為它不是一項技能，而是一種品格，品格是無法學習的，只能透過實踐慢慢磨鍊出來。

在A股這樣急功近利的市場中，能熬、願熬的人仍然不多，因此逆向投資在未來仍將是超額收益的重要來源。

不斷擴展投資範圍

記：從協力廠商披露的資料看，你管理的基金不僅業績領先，而且回撤較小，二〇一五年市場暴跌百分之五十時，你管理產品的最大回撤在百分之十左右，如何做到較小的回撤？

邱：二〇一五年，高毅資產剛剛成立，我們的產品發行不久，還沒有積累多少正收益。因為不想讓客戶虧錢，我當時是以一種風險預算（Risk Budgeting）手段來操作的，產品跌到一定程度就會減倉，在淨值下跌十個點時，就只有很少倉位了。因為公司新成立，我也從公募基金轉向私募基金不久，如果一下子回撤太大，客戶也難以接受，所以，前三年我對倉位控制得都比較嚴格。客觀上講，這並不完美，回頭看，如果不是嚴格控制倉位，我的回報要高很多。

未來，我會調整策略，在大部分時間保持高倉位，只在少數市場泡沫化程度高的時候保持輕倉，因為長期看權益投資是大概率跑贏現金的。而且，正確選時是很困難的，像算命、賭大小，基本上不可控，但對泡沫，特別是比較明顯的泡沫，我還是可以判斷出來的，因為那時就找不到符合我們標準的估值合理的股票了。

記：近年來，創新板跌了又跌，會不會跌出價值？你會買創新板的股票嗎？

邱：我並不是說不買創新板，創新板公司也在我們的研究範圍內。二〇一七年我已經買了一隻創新板的股票，到現在還帶來了不錯的收益。公司是民營性質，基因還不錯，商業模式也還可以，是細分市場的龍頭，但市場占比很小，行業格局也還不清晰，新招聘了核心管理人員，應該說已經具備我們合夥人卓利偉所說的「鯊魚苗」特徵，但這還是有點三歲看老，不太符合我三十歲看老的原則，所以我不會特別重倉。今年創新板再度暴跌，我又買了一隻創新板，算是行業裡的絕對龍頭，屬於勝負已分的行業，也取得了正收益。

我們一直在不斷擴展投資範圍，打造更強大、覆蓋更廣的研究能力。

牢記常識，順規律而為

記：你曾任南方基金公司投資總監，同時管理專戶產品，現在，你是高毅資產董事長，同時也管理基金，時間會不會太緊湊？怎麼分配投資和管理的時間？

邱：我不覺得有任何問題，我時間管理還可以的。美國的基金公司，不管公募還是私募，很多創辦人都既要管理公司又做基金經理。

一個投資人說過，當一家公司的創辦人和管理者，主要是做好兩點：一個是算命，即想清楚一些大的戰略性問題；第二是相面，就是選人。所以，公司管理方面，我大多數時間都花在招人上，主要是面試，面試的過程其實也是學習的過程。

私募基金管理方面其實很簡單，主要就是一件事——把業績做好，其他都是次要。高毅是合夥制公司，有多個合夥人，分工很明確，而且，我們的同事都很優秀，任何事情都可以找到最合適的那個人，然後充分授權。

我熱愛投資，投資和管理的時間沒有確定的百分比，但肯定是投資優先，在投資上面我花的時間也相對多一些。起初一兩年，可能需要在管理上多花一些精力，現在高毅資產上軌道了，每個部門都有比較得力的人後，公司進入穩定巡航期，我也就輕鬆了。

投資我肯定會一直堅持做下去，我父親說過，想要當好系主任、當好院長，前提是你得是個好教授，父親雖然去世十五年了，他說的很多話我都記得很清楚。我贊成父親的看法，業務出身的管理者，對事情本身的理解會更到位，做起事來也比較容易舉重若輕。

記：你入行二十年，無論在國外、國內做投資都取得良好的業績，你參與打造的高毅資產也發展得很好，你怎麼評價自己？

邱：我是一個很勤奮的人，每天工作的時間很長，我大量的時間都在閱讀和思考。我會讀很多書，讀很多報告，跟很多人交流，做很多的思考。我試圖尋找普適性、禁得起時間檢驗的投資規律和行業規律。如果說我在投資上取得了一些成績，那麼我其實只是掌握幾個常識，掌握幾個一般的行業規律和基本的投資規律，然後不斷反覆應用這些規律。其實，在很多時候，我業績並不是特別突出，但幾年累積下來卻能領先大多數人，這就是我的風格吧。

高毅資產這幾年發展得還不錯，主要是得益於其他合夥人和團隊的貢獻，我們也是順著資產管理行業的規律去做，當然運氣的成分也很大。

無論做投資還是做公司，有些人喜歡順勢而為去找風口；我們則喜歡順規律而為，找出不變的規律，然後順著規律去做，不計較短期的得失。時間稍微拉長一點，效果就出來了。就像庖丁解牛，順著事物的規律、原理去做比較容易，如果違反了內在規律，要進行下去會很困難。

《中國基金報》二〇一八年十一月十一日　記者楊波

後記

我一直在思考一個問題，為什麼美國的科技股過去五十年表現如此優異，但是長期業績領先的投資大家們，從巴菲特、蒙格、索羅斯、彼得·林區、鄧普頓、安東尼·波頓、約翰·內夫到格蘭桑，卻都對科技股保有長期的謹慎態度？為什麼那些熱衷於投資科技股的基金經理們，雖然在數年間各領風騷，卻鮮有持續二三十年業績突出者？

主要有三個原因。

第一，科技進步內在的突變性，決定了科技股投資人業績內在的不可延續性。從PC時代的微軟、英特爾到網路1.0時代的雅虎、美國線上，再到網路2.0時代的Facebook、Twitter；從功能機時代的諾基亞、摩托羅拉到智能機時代的蘋果、三星，每一次貌似漫不經心的技術更替，都有可能演變成改朝換代的顛覆性飛躍，讓原有的行業領先者一夜之間發現護城河被夷為平地，或者進攻者已經繞過舊城、在別的地方建起一座更大更輝煌的新城。絕大多數投資者很難在每一次的技術變遷中都跟上節奏，而技術更替的殘酷性又決定了一次錯判就有可能導致毀滅性的投資後果。

第二，科學技術是不斷變化的。蒸汽機、汽車、飛機、電話、收音機、電視、電腦、手機，每一個年代都有劃時代的新技術，但是喜新厭舊、貪婪恐懼的人性卻是不變的。新技術肯定是好事情，誰都想要；想要的人太多，估值就過高了。過高的估值往往透支了任何新技術未來可能產生的收益，過高的期望最後總是以過多的失望告終。

第三，雖然新技術的前景廣闊，初期的行業格局卻非常散亂，絕大多數投資人很難在事前判斷出誰是最終贏家。一旦不能押對贏家，行業發展再好也沒有意義。電子商務如今大行其道，但是對於十五年前買了 eToys、WebWagon 那些後來破產的電商企業的投資人來說，又有什麼意義呢？

然而，大多數人還是在六十倍估值的創新板中尋找著十倍股、期望著一夜暴富。矽谷曾經有過統計，在風險投資的一千個項目中，扣除最成功的八家，其他的九百九十二家是不賺錢的；而這八家則是成百倍上千倍的暴利，並因而成為報紙的頭條。榜樣的力量無窮，大到能夠掩蓋背後的巨大風險和沿途無數的失敗者。

現在的估值與未來的成長性相比，哪一個更重要？當然是成長性更重要，但未來的成長性是不確定、難把握的，而現在的估值則是確定、可把握的。未來確實很重要，出類拔萃者大多對未來有著前瞻性的預判。我非常欽佩的一位投資人，他對行業和公司未來發展變化就有很深的洞察力，他管理的基金成立近九年來，在傳統行業和新興行業中都創造了令人驚嘆的投資業績，但是這種洞察力和預見性對絕大多數人來講，是一件可望而不可即的事情。

身高是無法訓練的，麥可·喬丹、老虎伍茲能做的事不一定每個人都學得來。臨淵羨魚不如退而結網，投資必須把握你能把握的東西，所以對多數人而言，也許更應該買入那些相對於目前的資產、現金流、盈利能力被嚴重低估的股票。**知道自己的能力邊界，發揮自己的優勢，買便宜的好公司，注意安全邊際，注重定價權，人棄我取，在勝負已分的行業裡找贏家，這些貌似投資中最簡單的事，其實也是投資中最本質的東西。**

創新觀點

投資中最簡單的事

把握4項原則、釐清3個問題，看透市場的核心

2023年6月初版　　定價：新臺幣380元

著者　邱國鷺
叢書編輯　連玉佳
校對　鄭碧君
內文排版　江宜蔚
封面設計　萬勝安

出版者　聯經出版事業股份有限公司
地址　新北市汐止區大同路一段369號1樓
叢書編輯電話　(02)86925588轉5315
台北聯經書房　台北市新生南路三段94號
電話　(02)23620308
郵政劃撥帳戶第0100559-3號
郵撥電話　(02)23620308
印刷者　文聯彩色製版印刷有限公司
總經銷　聯合發行股份有限公司
發行所　新北市新店區寶橋路235巷6弄6號2樓
電話　(02)29178022

副總編輯　陳逸華
總編輯　涂豐恩
總經理　陳芝宇
社長　羅國俊
發行人　林載爵

行政院新聞局出版事業登記證局版臺業字第0130號

本書如有缺頁，破損，倒裝請寄回台北聯經書房更換。　ISBN 978-957-08-6843-2 (平裝)
聯經網址：www.linkingbooks.com.tw
電子信箱：linking@udngroup.com

國家圖書館出版品預行編目資料

投資中最簡單的事：把握4項原則、釐清3個問題，看透市場的核心/邱國鷺著．初版．新北市．聯經．2023年6月．
296面．14.8×21公分（創新觀點）
ISBN 978-957-08-6843-2（平裝）

1.CST：投資　2.CST：投資心理學

563.5　　112003134